韓国リスク

半島危機に日本を襲う
隣の現実

Murotani Katsumi
室谷克実

Kato Tatsuya
加藤達也

産経セレクト

S-008

まえがき

私（室谷克実）が韓国に関する記事、評論を書くようになってから、もう40年近くになろうとしている。ストレートニュースを除けば、私が述べてきたことは「多くの日本人が抱いている〝韓国イメージ〟と現実の韓国はまったく違うぞ」の一点だったと言える。

外国、とりわけ隣国への対処は、冷厳な実情把握が前提であるべきだ。それなのに、大嘘と幻想に満ち満ちたイメージが世論を支配し、歴史事実まで歪められていった。「植民地時代に日本は悪いこともしたが、良いこともした」と述べた閣僚が辞任に追い込まれたのは、その象徴的な出来事だったと言える。

どうして現実とまったく違う〝韓国イメージ〟が日本に出来上がったのか。

韓国当局による対日情報心理戦があった。それに、まんまと踊らされた日本のマスコミの責任は重い。

どこの国に関する報道でも、硬派と軟派がある。韓国や中国のように、政治権力が外国マスコミにまで干渉してくる国では、硬派と軟派がくっきりと分かれる。硬派は、圧力に屈せず事実を伝えようとする。軟派は、圧力を受ける前に、やたら自己規制してチョウチン記事を書く。

今回の対談相手である加藤達也氏（産経新聞元ソウル支局長）は、まさに硬派の代表だ。かく言う私も、時事通信社のソウル特派員時代は硬派の立場を守り続けてきたと自負している。

私がソウルから戻った直後の日本は、バブル景気に沸いていた。金で金を儲けたことが自慢話になり、モノづくり企業が本務を忘れて株や土地の取り引きに熱中していた。その様を見て「日本は韓国に似てきた」「日本の韓国化を阻止しなければならない」と思った。それが韓国問題の評論を手掛けるようになった直接の動機だ。

幸いなことに、バブル経済は崩壊した。それは堅実なモノづくり大国への回帰につながった。それでも日本の〝韓国イメージ〟は是正されなかった。韓流と称する大嘘に巻き込まれて、ますます酷くなった時期もあった。

しかし、李明博大統領の竹島不法上陸と天皇侮辱発言、朴槿恵大統領の一連の反日発言は、大嘘に巻き込まれていた日本人の多くを正気に戻してくれた。

それでも、マスコミ軟派は変わらないようだ。北海道新聞の元ソウル特派員（東京中日新聞、西日本新聞との共同派遣）が、自分のブログに、私が書いた『呆韓論』（産経新聞出版）に対して、こんな文章を載せた。

――言論・出版の自由が憲法で保証《ママ》されているからといって、何を書いてもよい、というわけではない……ましてこの筆者はもと、時事通信の記者であり、……韓国の良さ、悪さも含めて知っているはずなのに、なぜここまでこき下ろすのか。それが、これから隣国の人たちと仲よくやっていこうとする日本人に無用な予断と偏見をもたせることにつながる、とすれば大変不幸なことだと思う。

――時事通信ソウル特派員（１９８０年～85年）ですから、事実に基づかないことを書いているわけではありません。

つまり、事実であっても、「日本人に無用な予断と偏見をもたせることにつながる」ことは書くべきでないと〝報道しない自由〟を堂々と述べているのだ。何が「無用な予断」なのかの説明はないが、民ハ知ラシムベカラズを思い起こさす。読者に対する驚くべき「上から目線」だ。

塩田奴隷がいたこと、「日本時代は良かった」と述べた老人が撲殺されたこと、ローマ法王が「韓国人は霊的に生まれ変われ」と述べたこと……これらの事実が、日本の全国紙にほとんど載らなかったのは、このブログの主のような軟派が依然として主流だからなのだろうか。

日米の目は現在、北朝鮮問題に向いている。しかし、北朝鮮を語る時、韓国をどう捉えるかが非常に重要であることを忘れているように思う。自由主義陣営だと捉えたら、思わぬ災難が日本に降りかかるだろう。「危機になればまともな行動を取るはずだ」と根拠なき期待を抱いていたら禍に巻き込まれよう。だからこそ、韓国というリスクを正確に捉えることが重要だ。

加藤氏との対談では、日本のソウル特派員の〝体質〟についても踏み込んだ。隣国について知っておかねばならないことは、まだまだたくさんある。

2017年12月初旬　室谷克実

韓国リスク◎目次

数字や肩書き、韓国の与野党の表記などは対談時のものです。敬称略。特に断りのない場合、1ウォン＝0・1円を目安としてください。

装丁　神長文雄＋柏田幸子
ＤＴＰ製作　荒川典久
本文写真　共同通信社、時事通信社、産経新聞社
帯写真　共同通信社

第1章　韓国の平和・統一妄想

強制退去の理由

加藤　初めまして。室谷さんとは年代こそ違っても、同じソウルで同じ仕事をしていたのに、これまで会ったことがないのは不思議な感じがします。しかも、私は出国禁止でしたが、室谷さんは時事通信のソウル特派員時代、強制退去命令を受けていたのですね。

室谷　そうです。でも、数カ月したら、またビザを出すから来てよろしいとなった。取り調べから帰国まで1週間でしたから、加藤さんのようにひどい目に遭ったわけではありません。

加藤　なぜ強制退去命令を受けたのですか。

室谷　赴任して3カ月ほどの頃でした。戒厳司令部が1980（昭和55）年5月に金鍾泌《キム・ジョンピル》ら朴正煕政権の実力者を不正蓄財容疑で、金大中《キム・デジュン》らを内乱陰謀容疑で逮捕し、光州事件が起きた直後のことです。

時事通信のパヨク（パーの左翼の意味）記者が「金大中が獄中で拷問を受けて重傷を負った」という内容の記事を書いたのです。ネタ元は「在日の韓国筋」。ソウルにいる韓国人記者たちも金大中が逮捕後どこにいるのかも分からなかったのに、「在日の韓国筋」が分かるはずがない。当時の日本は依然として金大中ブームが続いていました。彼がどうなったかは大きな関心事でした。それで大特ダネのつもりで書いたのでしょう。今と違って携帯電話はおろかポケベルもない。東京－ソウルの直通電話もない。申し込み方式の通話は、つながるまでに1時間以上かかったりする。それで深夜だったこともあり、ソウル特派員に裏取りを命ずることもなく配信されてしまったのです。

朝日も同じ筋をソースに同じ内容の記事を掲載しました。産経は時事の配信記事を掲載した。で、この3社は許せないから、ソウルにいる特派員に責任を取ってもらう。ついては支局閉鎖・特派員強制退去命令となったのです。

それで終わりかと思ったら、検事が取り調べをしなければならないという。

加藤　なぜですか。

室谷　その記事を書いたわけでもない特派員を追放するには、もっと罪科が必要だったのだと思います。取り調べでは検事が、ＡＦＰ通信の署名記事を出してきて、「これもあんたが書いただろう」と言う。「えっ、これはＡＦＰじゃないか」と言ったら、「時事とＡＦＰは提携関係にあるから、あんたが書いて、ＡＦＰに渡したのだろう」

と。それならAFPの特派員を取り調べればいいだろうに、それはしないわけです。白人には滅法弱いのが韓国人ですからね。マスコミ界の仕組みも知らず、「AFPに渡したことを認めろ」です。

加藤　そうそう。マスコミ界のことなど、検察は全然分かっていない。

室谷　数カ月してソウルに戻って、「あの検事、どうしているか」と尋ねたら、汚職がバレてクビになっていた（笑）。

思い込みと妄想的見立て

加藤　だいたい、それがオチですよね。

検察官の認識というものが、まるで常識から外れているというのは、私が朴槿恵《パク・クネ》大統領への名誉毀損罪でソウル中央地方検察庁に起訴された2014年の事件（ソウル中央地方裁判所で無罪判決）のときにもありました。まず必ず、政治謀略的な背景がないかどうか見ます。

今の室谷さんのお話も、時事通信がAFPと結託して、左派系の情報を流布しようしている、という見立てを検察はしていますが、私の案件も同じです。朴槿恵大統領の権威、つまり、韓国の正当なる保守政治のよりどころをこの男は叩きつぶそうとしているに違いないんだという思い込みがあった。

だから彼らは私に、「あなた、国内に共犯者がいるでしょう」とまず聞いてきました。後で考えてみると、その共犯者というのは「ニュースプロ」という韓国国内の左派系ネット媒体のことなのです。

そのメディアが私の書いたコラムを丸ごと引用というか、盗用した。丸ごと盗用して、韓国語の翻訳を逐語的に付け、さらにそこに、朴槿恵政権を馬鹿にしたような自分たちの言い分を書いた。私のコラムの前に、産経新聞がこんなものを書いている、この産経新聞のスタンスは気に入らないけど、朴槿恵大統領のデタラメな国政運営をよく示す内容なので、これを私たちは特別に判断して取り上げることにしたという前文を付けたのです。

さらに自分たちの主張を都合よく展開するための「産経、朴消えた7時間、私生活の相手は鄭《チョン》ユンフェ?」という見出しをつけた。鄭ユンフェという人は朴槿恵大統領と一緒にいたのではないかと噂されていた人で、朝鮮日報が匿名で伝えた当事者です。その固有名詞を表に出して強調した形の記事になっていて、ひどいものだった。

１５年４月１４日夜、韓国出国禁止が解除され東京・羽田空港に到着した加藤達也・産経新聞元ソウル支局長

私のコラムのタイトルは〈【追跡～ソウル発】朴槿恵大統領が旅客船沈没当日、行方不明に…誰と会っていた？〉となっていましたが、その左派媒体はそこに個人名を入れたわけですよ。

室谷　鄭ユンフェは崔順実《チェ・スンシル》の前夫ですからね。

加藤　それを見た大統領府が血相を変え、当時の大統領府の秘書室長が、加藤はとんでもない、徹底的に叩きつぶしてやるんだといって捜査が始まったのです。秘書室長は元検事です。そうすると、大統領府と大先輩の検事を忖度《そんたく》したソウル中央地検が、「あなたはこの左派のネット媒体と結託している。これが情報源で、共犯関係にあるのではないか?」と謀略的な見方をしたわけです。こういう妄想的な見立てをこしらえてくる。

室谷　そう、復讐するは我にあり。妄想するは韓国にありですからね。

米韓共同発表文を1日で反故に

加藤　トランプ米大統領の訪韓はまさに「ザ・韓国」でしたね。〝独島エビ〟から元慰安婦の抱擁までフルコースで、日本人はげんなりです。

室谷　慰安婦は想定の範囲内でしたが、〝独島エビ〟にはビックリ。韓国の外務省スポークスマンは「日本を意識してしたことではない」と大嘘を述べました。本当に意識したことではなかったとしたら、外交センスゼロの大馬鹿外交官ということになる。もっとも本当は外務省は一切知らされず、すべて大統領府が決めたことのようですが。

加藤　そのトランプ訪韓に関する米韓共同発表文が2017年11月8日夜に公開されましたが、翌9日に韓国政府は「米韓同盟がインド・太平洋地域の繁栄のための核心軸」になることに同意しないと発表しました。

元慰安婦が初訪韓のトランプ米大統領と抱擁

金顕哲《キム・ヒョンチョル》大統領経済補佐官が、〈「日本が『インド・パシフィックライン』といって日本・オーストラリア・インド・米国をつなげる外交的ラインを構築しようとするが、我々はここに編入される必要がない」と明言した〉と中央日報が伝えています。

室谷　「日本が」つくった概念だから入らない、と表向きは言っている（笑）。しかし、韓国メディアの記者に、米韓の発表文にはインド・太平洋国家としての役割を果たすと書いてあるではないか、とさすがに詰め寄られました。これをすごいテクニックを使って煙に巻いている。

〈「共同発表文上の主語はトランプ大統領」と語った。また、「参加しないのが望ましくないと考え、トランプ大統領の話に耳を傾けたもの」と話した。「文大統領はそれを『事実上初めて聞く概念』」と述べ、「該当部分が合意文からは抜けることにした」とも話した。「両首脳」が主語ではないため、韓国にとっては合意ではないとの趣旨だ〉（中央日報、２０１７年11月10日）

まさに韓国ならではの〝欺術〟です。韓国は〝欺術大国〟ですから。

加藤　アメリカの専門家は「今になって青瓦台（大統領府）が同意したことがないとするのは常識的につじつまが合わない」と困惑していました。

"独島エビ"を出した晩餐会（韓国大統領府のＨＰより）

また、文在寅大統領を、米紙「ウォールストリート・ジャーナル（ＷＳＪ）」が痛烈に批判しましたね。〈South Korea's Bow to Beijing（韓国、中国にひざまずく）〉（２０１７年11月7日）という社説で、「文氏が信頼できる友人だとは思えない」などと指摘しました。

室谷　いまさらな感じもしますが（笑）、アメリカは免疫がないのかな。

韓国があけるアリの一穴

加藤　韓国は中国と、次の三つで合意したとされています。

（1）米国のミサイル防衛システムに加入しない

（2）日米韓の安全保障の協力は三カ国軍事同盟に発展しない
（3）THAAD（高高度防衛ミサイル）を韓国に追加配備しない
室谷 いわゆる「三不の誓い」。まさにコウモリ外交であり、安保（安全保障）主権を中国に捧げたわけですね。朴槿恵政権時代から中国傾斜をしていましたが、韓国は自らを「バランサー」であると自画自賛していますから（笑）。
加藤 WSJはその「バランス外交」を「中国の圧力に直面し、自国や同盟国の安全保障に関して譲歩もいとわない姿勢は、バランス外交とは程遠いものだ」と批判しました。そして、「文氏が取った一連の行動は、金正恩氏を包囲するための同盟関係を損なうものとなった」と指摘した。
これに対して中央日報は、〈トランプ大統領が訪韓した際には「偉大な協力」「非常に大きな進展」などの発言が出てきたが、最近の（文氏や文政権の）行動を見ると望ましくないということだ〉（17年11月9日）と分析しましたが、望ましいわけがない（笑）。
室谷 そもそも2017年9月3日に金正恩が6度目の核実験を強行したけれども、文政権は9月21日に国連児童基金（ユニセフ）や世界食糧計画（WFP）を通して北朝

韓国国会前でトランプ米大統領の演説に反対する人たち。トランプ人形は赤いスプレーで顔に×を描かれている

鮮（北）に800万ドル（約8億9000万円）相当の人道支援を実施することを決めています。そしてトランプが帰るや、韓国政府は宗教団体が申請していた北のミネラルウォーターの搬入を許可した。金額は800万ウォンにすぎませんが……。

対北包囲網をつくったと思うと、韓国がアリの一穴をあけていく。その連続です。

加藤　それにしてもトランプ訪韓での反米デモはすごかったですね。「朝鮮半島の緊張を高めているのはトランプ」みたいなデモや集会が多発した。「米朝平和協定締結」というようなプラカードも掲げていました。約220の団体がトランプ大統領が滞在中に米国大使館や韓国大統領府、トランプ大統領の演説が行われる韓国国会などの近くで、「反米・反トランプ」集会を計画したということでしたが、実際にやっていましたね。

室谷　あの中核は例のロウソクデモと同じメンツでしょう。

文在寅グループは「盧武鉉《ノ・ムヒョン》政権の失敗」に学んでいるのですよ。だから、その「コウモリのような外交政策」に目を奪われて、「本当は親米だ」「親中だ」と論争する必要などないのです。彼らの本質は、後に話す内政に見て取れるわけで、「王朝制の北に親近感を抱きつつ、韓国型「共産体制」を目指しているのです。

儲からないのは「THAADのせい」

加藤　THAADを中国と結んで追加配備しないということですが、いま配備しているのも……。

室谷　いま配備しているものも、文在寅政権としては、あくまでも「臨時に配備」したということになっていますね。

加藤　事態が安定し次第、いつでも撤去する構え。そういう建前になっています。

なんでもかんでもトランプと THAAD が悪い！

室谷　世論調査では、配置派がずっと勝っていますけどね。

加藤　地域問題になっていて、星州という配備されている特定地域は、今、沖縄化しています。ものすごくこじれてきている。ボルト一つ搬入するのでも、住民たちの監視を受けたり、抵抗を受けたりするので、まさに沖縄の辺野古状態。

室谷　それでも配備したのは、アメリカの圧力に国防当局が従ったからだと思います。政権中枢はTHAADのセット数を聞いていなかったとか、つまらないことを騒ぎたて抵抗しましたね。

加藤　韓国に搬入されたTHAADの数はきちんと報告されていました。その一時保管所から現場に搬入するときに、何回かに分けて運んだ。そうしたら大騒ぎになったというわけです。配備が終わったと思ったら、また追加で来た！というのですが、つまりは誤解だった。事実をきちんと検証する能力、正しく受け止める力がないので、こういう誤解が起こる。

あの国はいつも誤解で騒ぎが大きくなって、騙した、騙されたと揉めます。「いやいや、騙したつもりはない」「騙したつもりはないって、おまえ、これ、数が違うじゃないか」「いや、そもそも全部ワンセットで持ってきたんです」という感じです。

でも、一度誤解して頭に血がのぼると相手の説明に耳を傾ける余地はない。

室谷　中国は「三不の誓い」の後も、ＴＨＡＡＤは撤去しなければ終わらないと圧力を掛け続けています。

加藤　ＴＨＡＡＤを配備したのはロッテグループのゴルフ場だった場所です。だからロッテはずっといじめられていて、とうとうグループのロッテマートという韓国大手スーパーは、中国国内にある店舗の売却作業に着手しました。中国当局は２０１６年11月以降、消防点検などを名目にして店舗を相次いで営業停止にしたといいます。ロッテマートは中国内の１１２店舗のうち、87店が営業を停止し、ほかも事実上休業状態だという。店舗の前では、中国人がＴＨＡＡＤ配備に抗議するデモを行ったりし、不買運動も起こっていました。他の韓国企業も様々な嫌がらせを受けているということです。

室谷　でもね、韓国が言う「ＴＨＡＡＤ報復の被害」は、よく分からない部分が多いのですよ。例えば現代自動車は中国での販売減数は「ＴＨＡＡＤのせい」だとしていますが、現代自動車はアメリカでも販売減が続いていますからね。

17年5月、同社のアメリカでの販売台数は前年同月比15・５％の減でした。単価はトヨタ車のほぼ半分、ディーラーへのインセンティブはトヨタとほぼ同額という無理を重ねても落ち込んでいるのです。

では中国ではどうか。現代自動車と、傘下企業である起亜自動車にとって、中国は販売台数の20～25％を占めるお得意様でした。だから中国首脳の勧めに従って、生産工場を次々に造ったわけです。

ところが、17年3月の中国での販売台数は、現代自動車が前年同月比44・3％減、起亜自動車は同68％減だった。4月は現代自動車が3万5009台で前年同月比63・5％減、起亜自動車は1万6050台で同68％減。前年同月比で7割近い減少は、企業経営の常識にはあり得ない数値でしょう。

加藤　現代自動車は、国内での生産性が落ちています。相当に経営がデタラメ。

室谷　韓国スーパー最大手の新世界グループも中国から撤収を決め、それも「THAADのせい」と言っていますが、新世界の中国法人は10年前から赤字です。

加藤　何でも「THAADのせい」だと（笑）。

室谷　海苔やビールは好調に中国への輸出が増えているのですよ。それから韓国の性能の悪いパワーショベルなんかもよく輸出されている。全体としての対中輸出がドンと落ちたわけでもない。

加藤　赤字企業が、これ幸いと騒いでいるだけ、と。

トランプ訪韓１泊２日はおかしい

室谷　韓国側の中国から撤収する企業はそうですね。

それからＴＨＡＡＤがらみで言えば観光客。これは明らかに中国の当局が韓国に行くなと締めつけているわけです。韓国の観光業者はどういうわけだか新聞への売り込みがいつもすごくうまい。大変だ、つぶれますとわめいて、新聞がすぐ取り上げている。

だけど、よくよく調べてみると韓国の観光業者で、ＴＨＡＡＤ不況とやらでクビになった人間は誰かといえば、中国人相手のガイドで、それはほとんどが中国籍の朝鮮族だった。

加藤　一種の奴隷構造ですよね。

室谷　そう。客がいないので、韓国社会では最下層に位置する中国籍の朝鮮族がクビになったわけです。だからＴＨＡＡＤ問題での中国の報復とは、どこまでが報復なのかよくわからない（笑）。むしろ、文在寅政権は中国のＴＨＡＡＤ報復が大変だ、大変だと煽って「三不の誓い」を差し出す道を整えたと見るべきではないでしょうか。韓国側は「三不の誓い」さえ差し出せばＴＨＡＡＤ問題は終わりと踏んでいたようですが、中国は「三不の誓い」を受け取っただけでなく、「お前はこう誓ったのだから……」と、嵩にかかって責め立ててきた。まさしく「属国への道」を自ら切り開いたのですよ。

先ほど話に出たロッテについても、いろいろな説があって、そもそも経営状況が悪かったということもあります。ベトナムの投資事業も実は失敗していて、それが兄弟ゲンカの始まりだという説もある。

加藤　そういえば、日本で教育を受けたほぼ日本人といってもいいロッテ兄弟の兄のほう、重光宏之氏が韓国に行ったときのことです。韓国人の気持ちに寄り添う、恭順の意を示すために韓国語で取材に応じたわけですよ。そのときに、彼が韓国語で「私は日本で育った経験が長いので、わが国の言葉が上手ではないですから、韓国語ではここまでとし、詳細は通訳を通してお話ししたい」というようなことを言った。たどたどしい韓国語ですが、文法的には正確だし、内心を素直に表明していました。

でも、韓国のメディアはそれを捉えて、「わが国の正当な企業のトップとは思えない言葉の稚拙さだ」と言うわけですよ。「ロッテは韓国企業なのか?」「宏之氏は韓国人なのか?」という批判が巻き起こりました。結局、宏之氏は「日本で生まれて日本で教育を受け、韓国語も勉強したが、仕事が忙しくて忘れていた」と謝罪をする羽目になりましたね。

あのとき、韓国メディアはおかしいと思いましたが、批判の論点がずれていると思いませんか?

室谷　批判とは言えないくらい、ずれていますね。

同じような話で、米中会談で、トランプ米大統領が中国の習近平国家主席から「韓国は中国の一部だったことがある」と説明を受けたと発言したことがありました。米中会談が大切だと言いながら韓国外務省の当局者は、〈報道内容が事実かどうかはさておき、過去の数千年間、韓中関係の歴史において韓国が中国の一部ではなかったという点は国際社会が認める明白な歴史的事実〉（中央日報、2017年4月20日）と、そこに噛みつくわけです。

トランプ大統領のアジア歴訪についても、韓国での滞在日数は日本と同じでなければいけないと、ちょっと普通では思いつかないところに噛みつく（笑）。

加藤　中央日報が社説「トランプの初訪韓、短すぎる1泊2日は理解しがたい」で次のように書きました。

〈初めてのアジア歴訪を行うドナルド・トランプ米国大統領が、韓国ではたった1泊2日しか滞在しないかもしれないという。これに比べ、日本は3泊4日の可能性が高い。オバマ‐ブッシュ‐クリントンら元米大統領のアジア歴訪の際は、韓日での訪問日数が全く同じかほぼ同じだった点と比べると、ただ事ではない〉（17年10月16日）。

室谷　そう（笑）。主要な部分は問題にしないで、ずれたところに噛みつくのですよ。

加藤　些末なところ、ですね。韓国のメディアは、たぶん本質の重要性を理解できないのではないでしょうか。物事の軽重がわからず、全部平板に見えるのではないかと思います。明らかに重要な場所のウェイトが間違っている。

室谷　そういう例は枚挙に遑《いとま》がないけど。

南北統一をしたことはあったのか？

加藤　ところで、日本では与野党共に、「朝鮮半島の統一に期待する」なんて言ったりしますね。

室谷　つまり、ともかく統一はいいことだと思っているわけです。頭の中にそう刷り込まれている。でも、朝鮮半島の南北統一があったら、両国民ともに不幸になる。現在、韓国にいる脱北者や朝鮮族がどう扱われているかを見ただけで明らかなことです。

加藤　彼らは差別されています。

室谷　私はどうも38度線ぐらいで南北の民族は今も違うのではないかとも思っているのです。大枠は同じでも違いがあると思います。

なぜなら歴史的に見ると、朝鮮半島の北方は中国系の高句麗族が38度線辺りにまでいたわけです。古代、中国の亡命者が建国した衛氏《えいし》朝鮮が勢力を伸ばし、平壌を都としました。

その後、中国の漢の武帝が朝鮮半島を支配下において楽浪《らくろう》郡などを設置しましたね。楽浪郡の中心は現在の平壌付近で約400年間あった。でも3世紀初頭に南半部を統括する帯方《たいほう》郡を別途つくった。南の帯方郡は高句麗族ではなく馬韓《ばかん》、弁韓《べんかん》、辰韓《しんかん》の韓族を統括した。

加藤　その後、高句麗、百済、新羅と三国時代を経て新羅に国は統一されますよね。

室谷　言葉も文化も、新羅側に統一されたわけですが、新羅の後に成立した高麗も、人の移動はほとんどなかった。交通手段がないわけですから、人の移動は、高級役人が赴任するぐらいだったと思います。そこで子供を作ることはあるでしょうが、人が頻繁に行き交うということはなかった。村から出ずに一生を終えるという人が普通だった時代です。

加藤　高麗を倒して成立した李氏朝鮮ではどうでしょう?

室谷　李氏朝鮮時代も交通事情が悪かった。塩の行商人が行き交うくらいの話で、商売も発達していなかったわけです。せいぜい隣村に嫁に行くぐらいの話しか普通の人の移動はありません。

つまり、言葉としては統一されて、一体感はあったかもしれませんが、やはりあの38度線付近で南北は民族的な違いがあるのではないかという気がして仕方がありません。DNAの分析などをしてみたらずいぶん違うのでは、と。

加藤　統一新羅のときも、本当の北方は渤海《ぼっかい》という別民族でしたね。

室谷　そうです。だから南北を統一、統一と韓国も日本の一部知識人も言うのですが、本当に統一されていた時代がどれほどあるのかという話です。

加藤　逆に、では現在の状況になったのはいつかと言えば１９４５年以降です。日本の敗戦に伴って、朝鮮半島の北半分をソ連がコントロールするようになった。アメリカは最初、韓国をコントロールするつもりはなかったのでしょうが、朝鮮戦争になったのでアメリカが引きずり込まれたという感じがします。

そうして朝鮮半島南北の政治体制の違いが明確になって今に至る。韓国の人たちは、「分割統治になったのは日本のせいだ」と言っていますけれども。

室谷　最近の世論調査だと「アメリカのせいだ」としている人が6割くらいを占めました。世論調査によって違いますね。

加藤　「アメリカのせいだ」が増えたのはなぜでしょうね。

室谷　あそこの世論調査だから深刻に考える必要はないけれども。ともかく「日米が悪い」なのですよ（笑）。

加藤　「悪いこと」は全部、外部要因で、「いいこと」は全部、自分たちの業績になるのは韓国の特徴です。

統一なら「日本から何兆円」

加藤　ところで、韓国人は本当に南北統一したいのでしょうか？

室谷　統一については「反対」とは言えない社会的雰囲気が支配している。韓国人は日本人と話すと、だいたいは愛国者になり統一を心から願う人になってしまいます。でも、私の実感としてはほとんどの人は統一したくないと思っているのではないでしょうか。

もちろん、本当に統一したいと思っている人もいる。従北派左翼はもちろん、財閥の偉い人たちもです。なぜなら安い労働力が使える。新たな奴隷ができるというわけです。

今でも韓国には〝奴隷〟がいますからね。知的障害者などを売り買いして、塩田で働かせるなどしています。

加藤　単純肉体労働をやらせていますね。塩田は重労働だから、現代韓国人はやりたくない。それを安く買い取った労働力にやらせている。これも社会問題になりました。あれは全羅南道の塩田でのことでしたか。

室谷　全羅南道、金大中の出身地です。その塩田のあたりに金大中は一時、住んでいたというのに、彼は奴隷のことなど何も言いませんでした。それでも金大中は人権派大統領と呼ばれていましたね。

加藤　南北統一の話に戻すと、社会的な地位の高い人というのは、建前か本音かわかりませんが、しきりに統一すべきだと言いますよね。

5、6年くらい前だと思いますが、私がまだ駐在したての頃、朝鮮日報が主催の「統一」に関する大きなシンポジウムが行われたことがありました。そこには偉いとされる学者が出てきていましたが、不思議なことにすでに統一が確実視されることが前提になっていた。統一のためのノウハウや方向性は誰も議論しない。じゃあ統一のための金はどうするのか？　どこから引っ張ってくるのか？　と不思議に思いますよね。

でもそれは「日本から何兆円」と、勝手にソロバンをはじいていました。

室谷　まあそうでしょう。

加藤　室谷さんが指摘されたように財閥の幹部は、統一が金儲けにつながると考える。そして知識人は統一の際は日本から金が引き出せると考える。取らぬ狸の皮算用をそこでやるわけです。彼らの統一シンポジウムは、シミュレーションをして弊害を考えてみるとか、そういう細かい作業ではなくて、「金が必要だったら日本から何兆円」と、そういうことを話し合う場になってしまっていましたね。

無責任といえば無責任だし、お気楽と言えばお気楽。

室谷　なぜ日本が何兆円も出すのか。彼らの論理からすれば「責任があるから」(笑)。

加藤　最近は南北分断についてアメリカの責任も言い始めていますから、その論法でいけば今後アメリカにも何兆円かのうちの6割くらい出せと言いかねない。アメリカは怒るでしょうね。朝鮮戦争で守ってやって、何万人という米軍兵士が死んでいるのに、ふざけるんじゃない、ということになるでしょう。

北から統一の呼びかけがない

室谷　最近、北のほうから統一の呼びかけがないですね。

加藤　ないですね。

室谷　昔は頻繁に「高麗連邦制」をつくろうだとか、北から統一の動きがあったけれども、最近は全然ないわけです。文在寅が一人でわめいて踊っているという感じ。

加藤　北としては、黙っていても枠組ができた、方向性もできたということではないでしょうか。

室谷　南では表向き「統一」「統一」と言いますが、統一していったいどういう政治体制にするつもりなのかと韓国人に聞きたいですよ。北の王朝を引き継いで王朝国家にするのか。あるいは大統領選挙を南と北で一緒にやるのか。経済体制をどうするのか。そういう話は何もないわけです。それなのに、ただ「統一を目指します」と言っている。誰も統一のイメージなんてないのでは？　と思いますよ。イメージできないでしょう。

日本の阿呆な政治家も「朝鮮半島の平和的な統一を期待します」なんて言って良識派ぶっていますが、平和的統一なんてあり得るはずがないでしょう。

加藤　今の状況ではそうですね。でも金大中元大統領は「高麗連邦政府」を受け入れる思想だったわけです。

室谷　文在寅もそうなのかもしれない。だけど、今は北が提案していないからね（笑）。

加藤　乗りようがないですね。

先ほどの大統領選挙に関しては、専門家の間でよく言われる冗談があります。

統一に至る過程で財布は一つ、政治体制は二つという、一国二制度の状態がしばらく続くだろうというわけです。その後、南も北も機が熟したとして、今度はいよいよ大統領、あるいは国家元首を一人選ぶような民主的な選挙が開かれるに違いない。もしそうなったときに、どうなるか。北は人口がだいたい2500万人と言われていますが、北の投票率は100％でしょう。有権者の数がどれくらいかわかりませんが、仮に2000万人の有権者がいたとします。北の候補者は金正恩なのか、金正恩の息子なのかわかりませんが、これが出馬すると2000万票が全部金正恩に入るわけです。

一方、南は人口約5000万人。有権者数4300万人、投票率75％として、約3200万票。そのうち、50％は韓国の独自候補に投票するでしょうが、残りの50％はどこに投票するかと言えば、北朝鮮の候補に回るだろうというわけですね。

つまり、統一して大統領選挙をすると、北朝鮮から出た国家指導者が全体の国家指導者として当選する確率が高いということです。従って安定的かつ平和的に北朝鮮の政権になるという冗談なのですが、これも笑えなくなってきました。

室谷　だけども、その前に、北朝鮮は大統領制に賛成しないわけです。金王朝でなければなりません、と。

加藤　実際は「共和国」ではないですからね（笑）。ですから、室谷さんが言われたように、統一というものを具体的にイメージできていないのです。

妄想の「平和」と金勘定

室谷　韓国の言っている「平和」も同じです。「安保だ」「平和だ」「安全だ」と口では言うのが大好きなわけですが、よく分からない。

加藤　確かに最近は「安全」もよく言いますね。セウォル号事故以来のブームでしょう。

室谷　だけど、「安全」は全然守られてない。

加藤　韓国の言う「平和」は難しいですね。政治家にしても、ジャーナリストにしても、言葉が上滑りして、響いてくるものはなかった気がします。すごく高名なジャーナリストが「南北の朝鮮半島の平和のために」などと言うわけですが、ものすごく言葉が軽い。

室谷　詰めていくと何もない。

加藤　何もない。例えば、中東和平のニュースなどが韓国でもたまに伝えられるわけです。彼らはほとんど中東のことなど関心がありません。日本は読者の水準が相対的に本当に高いですし、編集側も知識レベルが高いと思いますが、韓国の新聞の国際面はほぼ中身がありません。

そういう状況の中で中東和平の話が出ると、最後に必ず「これによって和平が成功した場合、経済的価値が〇〇億ドル出ます」という金の勘定の話になるわけです。記事の最後にほぼそういうものが出てくる。平和は入り口であって、それによって得られる果実のほうにすぐに目がいく国です。だから、実のある議論は出てこず、上滑りのものになっていると思います。

室谷　統一して、産業がフル稼働するとＧＤＰが10倍になるとか、そういうことを言いますね。

加藤　そうです。そして、統一すれば人口が７５００万人になるからアジアの大国になるのだという妄想を描くわけです。

室谷　いやでも、あの国はみんな妄想だから（笑）。軍用ヘリコプターのスリオンをつくって、これが輸出されると何兆ウォンになるという妄想もあった。輸出する前に次々と欠陥が明らかになり、製造停止になり、メーカーの社長は粉飾決算や贈賄などの容疑でお縄になってしまいましたが。

話を戻すと、文在寅グループは日本の共産党や旧社会党というか、日本のマルクス主義者たちが言っている平和観に近い。つまり、左翼＝進歩的＝平和主義という図式がある。そして、アメリカ帝国主義は悪なる勢力だということになる。

原資は「ハミョンテンダ」

加藤　やはり妄想ですね。

室谷　妄想、思い込み。瞬間的な妄想ではなくて、長年かけて刷り込まれ、それを土台にしてドンドン膨らませていく妄想なのです。

加藤　妄想も夢を見るのもタダですが、経済発展はタダではありません。原資がいるでしょう。彼らはそれも自分たちの意志が生み出したものだと思っていますね。その意志の根源というのは、実は朴槿恵のお父さんの朴正煕元大統領です。朴正煕の政治スローガンは「なせば成る」という言葉だったわけですが、韓国語で「ハミョンテンダ」という。しかし「なせば成る」って、その原資はどこからくるのか、という疑問が残る。

室谷　それは日本からくる、と。

加藤　そうなのです。そこのところがすっぽり抜け落ちたまま「ハミョンテンダ」。「できたのだから、またやるぞ」というのですが、財源手当てゼロのまま。そしてまた日本が金を出す。

『請求権資金白書』というかつて韓国にあった経済企画院という役所が出した本には、日韓請求権協定で得た金をいつ、どのように、支出したかということが詳細に書かれている。要するにお小遣い帳みたいなものです。それはものすごく詳しく具体的で、たとえば〈対日請求権有・無償資金5億ドルは、農業生産増大のための耕てん機・動力噴霧機から京釜高速道路、浦項綜合製鐵工場、昭陽江多目的ダムおよび発電所建設に至るまでの韓国経済の向上発展に大きく寄与した〉などといった記載が見られます。だけど現在、その本の内容を韓国ではほぼ誰も知らない。

だから私は、「昔、おたくの国の経済企画院がこういう本を作っていたのを知っていますか?」と聞いてみたことがあります。現役の例えば韓国外務省の若い職員などにも聞きました。すると「いや、それは昔の話」という。「いや、昔の話じゃなくて、これは事実でしょ。請求権白書の請求権って何の意味か分かるか？」と言ったりして詰めましたが、そもそもその存在を知らない。事実をうやむやにしているケースがほとんどですよね。日本は韓国の経済発展に大変な貢献をしてきたわけですが。

「余計なところにエネルギーを使わない」

室谷　韓国人は、ほとんどの人が新聞をちゃんと読まない。読解力が劣っているのではないかと言われています。

加藤　２０１６年４月、ＯＥＣＤ（経済協力開発機構）が国際成人力調査（ＰＩＡＡＣ）の結果を元に、読解力などの分析結果を出しましたね。韓国は読解力で国際平均値よりも低い10位ですが、特徴は高度な文章の理解が弱いという点だと朝鮮日報が書いています。

調査は、ＯＥＣＤ加盟など24カ国・地域の16～65歳の16万６０００人を対象に行われたもので、読解力、数的思考力、ＩＴを活用した問題解決能力の３分野を詳細に分析してあります。韓国は「成人において、文章の理解と数値の意味を理解する力が低い」とされ、特に、高度な文書資料を読み解く能力は最下位圏だったとしています。

また、文章読解力と数的思考力は相関性が高いという分析も示しています。
つまりは読解力が低いということです。

室谷 そう。韓国はものすごく低い。表音文字であるハングルを使用しているために、読めるけど理解できない機能性文盲が多いと、かねて韓国マスコミは報じていました。つまり、声を出してちゃんと発音できる。だけど何が書いてあるかは分からない人の比率がかなり高い。

加藤 これは韓国でも議論したことがありますが、韓国には形容が重複した言葉が非常にたくさんある。また、意味がすっと落ちない言葉も多い。

例えば、道路を横断してはいけないところに、「無断横断禁止」と書いてある。でも、「無断」っていったいなんだ？ という話です。横断禁止の道路では横断そのものがいけないのに、では誰かに断って「有断」なら渡っていいのか？ そもそも誰に断るのか？ ということになります。そういう意味のない形容詞がつくことが多い。

もう一つ例を挙げると、セウォル号の事故が起きたときの、家族たちの一時待機施設になった体育館で、「珍島《チンド》室内体育館」というのがあります。でも、「室内体育館」という言葉は意味が重複していますよね。「体育館」はそもそも「屋内の競技施設」

のことでしょう。それを平気で「シルレチェユククワン（室内体育館）」と言い表す。命名したときに担当者が「室内体育館」を漢字の概念で理解したならば、意味の重複に気づいたでしょうが、漢字の熟語で考えないものだから音だけでなんとなくつけたということでしょう。つまり、感性で、ハングルで、「シルレチェユククワン」と付けたのだと私は思います。

この話をしばらく経ってから韓国のジャーナリストに言ったことがあるのです。すると、私の指摘した意味自体を理解できなかった（笑）。

室谷　わはは（笑）、よくある話です。

加藤　「室内体育館」で何が悪いのですかと言うのですよ。だから、どんどんと説明して詰めて言ったら、「いや、そんな日本人みたいに細かくやっていませんから。私たちは、そんな余計なところにエネルギーを使わないいんだ」と笑い飛ばされました（笑）。すごく印象的な出来事です。

室谷　余計なところに（笑）。

加藤　きちっと概念を規定することは、「余計なところ」だと。そういう思考習慣が元々ないのか、なくなってしまったのか分かりませんが。

「ハングル脳」に困惑する

室谷 同じようなことを、やはり私も80年代に初めて特派員として行ったときに感じました。あれ？ なんかおかしいよと思いましたね。

加藤 そう、おかしい。思考習慣の違いが日本と韓国の間にあって、それはなかなか埋めがたいものがあります。

室谷 おそらくそれが漢字とハングルの違いでしょうね。80年代の韓国の新聞は漢字をかなり使っていました。漢字の間にハングルが入っているぐらいの感じで、実に読みやすかった。ところが漢字が使われなくなってしまい、今や漢字は例外的に使うだけ、ほとんどハングルだけになったわけです。おそらくそれで「ハングル脳」が養われた。さすがに自分たちでは「ハングル脳」とは言ってないけど（笑）。「ハングル脳」で、どのハングルにどの漢字が当たるという知識がなくなってしまったから、読解力の問題が起こっているのだと思います。

加藤 盧武鉉政権で過去史基本法というものが成立しましたね。韓国では金泳三《キム・ヨンサム》政権以来、それ以前を否定して追及する「過去清算」のための法律を作ってきましたが、それを盧武鉉政権は親日派などにも拡げて追及するとした。この「過去史」を追及するという意味の言葉が「クワゴサ」といい、メディアにすごく出ました。韓国語では「歴史」の「史」と「事件」の「事」は、ハングルで表現すると同じ「サ」という音なのです。だから漢字で書くときは韓国のどのメディアも「事件」の「事」を書いた。つまり「過去事」としたのです。

これは我々から見れば、「過去の事」なのか、「過去の歴史」なのかで意味が違ってくるので悩むわけですよ。彼らはこの法律を「過去の事」だと規定しているのかもしれない。でも、過去の歴史を見直すと彼らは言っているのだから、文脈上は「過去の歴史」だろうと。

室谷　でも、「過去史」というふうに歴史の「史」を書いても本来はおかしいですね。

加藤　おかしい。これもまた重複表現なのです。歴史は過去のことですから、なんのことやらわからない。だから話が通じない（笑）。

室谷　首席秘書官の一つである「民情」もそうですね。私ははっきり覚えていますが、全斗煥時代は完全に「民情」でしたよ。

加藤　情報の「情」を使っていたと。

室谷　そう。でも今、韓国紙の日本語サイトを見ると、いろいろですね。

加藤　政治の「政」（韓国語の発音は「情」と同じ）を当てて「民政」とも書く。

室谷　それから変換ミスでしょうが、民生委員の「民生」を書いている例まである（笑）。

加藤　本来の意味からいったら、やはり情報の「情」でしょうね。

室谷　そうだと思います。そういうことも、ひどくいい加減。

加藤　概念の規定をおろそかにしているから、知の積み重ねである歴史の正確な構築そのものがうまくいっていないのだと思います。

室谷　そうですね。建物も大工仕事の底辺から歪んで積み上げているから、雨漏りして傾き、ついには倒れちゃう（笑）。2年前に完工した高尺《コチヨク》スカイドームでも雨漏り。それでドーム球場で傘をさして野球観戦。ＯＩＮＫ（オンリー・イン・コリア＝韓国でしかあり得ない、の意味）風景の誕生です。

安全性を検証できない

室谷　こういういい加減さで、原子力発電所を造るのだから恐ろしい。とんでもないことです。文在寅が「原発建設をやめる」と言っていますが、あれは大歓迎です。もっとも、彼が「脱原発」を掲げたのは、韓国の施工では危ないからというのではなく、左翼のイデオロギーからの主張です。それでも「韓国での原発ストップ」には私も賛成する。

加藤　私も大賛成です。

室谷　危なくて、危なくて。過去、事故があっても全然発表していないわけですからね。大放射能漏れ事故もあったというのですよ。でも全然発表されていません。先ほどのヘリコプターと同様、不正部品がたくさん入り込んでしまっているわけです。原発に不正部品なんて、恐ろしいことですよ。だけどそれより金をもらったほうがいいからと金をもらって認めて、不正部品を入れてしまったわけです。

そんな原発は動いているだけで危ない。台風でもないときに、雨が降ったら原発が停止したということもあった。水で濡れて何かが駄目になったというのです。津波ではありません、単なる雨です。

加藤　大雨で、水がたまったらよろしくないところの水位が上がってしまった。それをセンサーが感知して原発を止めた。不思議な現象でした。

室谷　こういう話をすると「日本でもあるじゃないか」という反論が必ずありますが、全然違う。

加藤　そうですね。確かに日本にもミスや杜撰なことはあります。しかし、それが製品ごとのスペックの中でどれくらいの割合を占めたものなのかというところでまず次元が違う。さらに、ある製品を造るときの仕事の横の流れが違う。神戸製鋼のアルミ・銅製品の性能データ改竄の事例は日本でもありました。でも、韓国ではある鉄鋼製品が自動車なりロケットなりに組み込まれたときに、組み立て側は最終的に全体としてちゃんと機能するかどうかの試験をしない。日本は当然ながらやりますね。だから神戸製鋼の件があっても三菱重工業のロケットはちゃんと飛んだし、車も大きな問題は起きない。三菱重工のロケットは検証を重ねて、打ち上げに至った、問題はなかったと堂々と言っていました。でも、韓国は横の流れで安全性を検証する作業がないから問題が起こります。

室谷　本当に、ないのですよね。

加藤　面倒くさいのでしょうね。さっきの「そんな余計なところにエネルギーを使わないんだ」と同じではないでしょうか。

室谷　地下鉄でもそうですし、最近も、橋がいくつも落ちています。

加藤　ソウルに駐在しているとき、こういうことがありました。セウォル号事故から1カ月後くらいの5月頃で、まだ事故の記憶が生々しい頃でした。歩いていたら、丸めた絨毯を後ろに積んで歩道を疾走するバイクがいた。絨毯は横に長く張り出しているから歩行者をなぎ倒しかねない。お母さんが子供の手を引っ張って、「危ない」とよけているわけです。

その絨毯を積んだ運び屋のオヤジは、さすがに警察官に呼び止められた。でも、オヤジと警官は大きな声で言い合いをしていて、オヤジは1日にどれだけの量を運ぶかで暮らしが決まると主張しているわけです。「おまえが俺を引き留めている間に損をした。俺の1分1秒いくらという金の損失を、おまえは払えるのか」と言って、オヤジは逆に居直っていました。

警官は、「セウォル号の事故があったばかりだし、交通機関や社会全体の安全意識の緩みが原因だったと言われているじゃないか」と諭していましたが、オヤジは「ふざけるな」と腕を振り切って、また左右に1メートルくらいずつはみ出した絨毯を積み直して、ブーンと行ってしまったのです。警官もあっけにとられてましたね。

国中が「割れ窓」

室谷　だから私は、韓国人には滅私奉公の価値観はなく、「滅公奉私」だと言っています。

加藤　社会の安全と個人のエゴとどちらが大事なのか、という尺度が日本とはまるで違います。

室谷　救急車に道を空けないし、スーパーのカートを家まで持ってきてしまってそのまま置きっぱなしという人がいる。つまりは公徳心がない。

　これは「亡びていく国」の様相だと思います。

加藤　日本にちょっとでもこういう現象があれば、手前で芽を摘まなければいけませんね。対岸の火事として眺めるのではなく、日本で見つけた場合はきちっと叱る、正すということを子供にも、大人にもしておかないと。

室谷　そうです。日本の韓国化を防がなくてはなりません。

加藤　「割れ窓の理論」というものがあります。街中の建物の窓が割れているのを放置すると、だれも関心を持っていない場所なのだというスキを見せることになり、犯罪を起こしやすい心理状況、環境となってしまうという米国で生まれた論理です。実際に米国の大都市では窓が割れたまま放置されている建物がたくさんあったり、落書きが放置されていたり、飲食物のカスやタバコの吸い殻がそこら中に投げ捨ててあったりした。そこで、窓を直したり、その辺からちゃんとしていこうと、いくつかの町で意識改革を実践したのです。すると町の治安が改善していったというわけです。韓国の場合は、いってみれば国中が「割れ窓」だらけですから。

室谷　なるほど、そうか（笑）。韓国は今、警官がほとんど犯罪者を捕まえない。捕まえると、成績が悪くなるからです。犯罪者を捕まえると、しっかり取り締まっていないからおまえの地区は犯罪者が多いのだということになってしまう。また、送検手続きも面倒だということです。だからみんな、お説教だけして放してしまう。

加藤　説諭放免ってやつですね。

室谷　そうです。そうすると統計上は、犯罪が少ない国になっていくわけですよ。

酒場で包丁を振り回して暴れたようなやつも捕まえない。叱って「はい、帰ってよろしい」とする。韓国で商売をしている在日の人が言っていましたが、食い逃げで警官を呼ぶと、訴えないようにと露骨に言われるそうです。例えば「元手はいくらかかったのか?」から始めて、「そんな金のために警察に何度も来て書類を書いたりするのか。やめなさいな」と諭されると。そして食い逃げ犯には、「こら、おまえ、もうやるな。帰れ」と怒鳴りつけて、「はい、一件落着」となる。

昔からそういう傾向はありましたが、今ますますひどくなっているようです。

加藤　それは本当に、面倒くさいだけなのでしょうか?

室谷　警察の中に重くない犯罪担当の委員会があって、そこでどう扱うか決めるのですが、そこまで行く手続きも面倒だから、現場の警官が済ませてしまうのです。

委員会に掛かっても、初犯の人間は被害者が重傷でもない場合、書類送検しない。金に困っての窃盗など韓国で言う「生計型犯罪」、あるいは酒に酔っての犯罪はほとんど警察の記録にも残さない。だから、別の警察の管轄でやると、これは確実に初犯になる。そんなことを繰り返しているわけですよ。その一つの理由は拘置所や刑務所がいっぱいだからです。裁判をしてもせいぜい執行猶予なら、そんなものはやってても仕方ないということなのでしょう。かえって犯罪が少ない地域だということになって、評価が高くなるという。

加藤　本末転倒ですね。

室谷　何のための警察かという感じがします。やっぱり、「亡びていく国」だね（笑）。

岩波の本ばっかり読んできた奴

加藤　韓国の平和観に話を戻しましょうか（笑）。

室谷　平和観というよりも、彼らの歴史観は、頭の中は真っ赤っかと言ったらいいのかな。左翼が多いのですよ。マルクス史観。それは全教組教育ですね。だから彼らと話すと、「岩波の本ばっかり読んできた」奴みたいで、驚くべき左翼史観なのです。ただし、理論的ではなく感覚的です。

加藤　事実を積み重ねて緻密に検証する訓練も受けていない感じがします。学問の素人が各人思い込みだけで、「プロの学者でございます」と名乗っている感じですよね。ただ、例外的な人も存在します。「植民地期」に、日本によって朝鮮半島の経済が成長し、近代化の土台が作られたと認める「植民地近代化論」で有名な李栄薫《イ・ヨンフン》というソウル大学元教授がいます。あの人は、経済史の先生でしたか。

室谷　そうです。

加藤　彼は、たまにマスコミの前や勉強会などに出てきて自分の研究を述べたりしました。例えば、長年の研究結果として「植民地初期の1905年から1918年の間、日帝（大日本帝国）により貨幣・金融・財政の近代的制度が移植され、土地調査事業により近代的な私有財産制度が確立したことで、朝鮮半島の近代の制度的形式の第一段階が成立した」というようなことを主張したわけです。つまり、日本統治時代に近代化したと述べています。相当に理性的なマスコミの人たちの前で言っているから殴り合いにはなりませんが、しかし、彼らは報道しない。李栄薫元教授が、韓国でそういう発言をしたという話を、彼らは全く伝えないし、外部にも言わない。

室谷　都合が悪いからね。

加藤　「報道しない自由」（笑）。

まず基本的に、自分の習ってきた価値観にその発言が合わないので、一義的に拒絶するのでしょう。「ああ、この人、また間違っているわ。おかしな人が変わったことを言っているわ」という感覚でまず拒絶する。また、そうではなくて、相当に平衡感覚のある記者がそこにいて、これは書くべきだと思ったとしても、編集方針や国民情緒に合わないからということで、おそらく編集局の幹部からその原稿はボツにされる。韓国には実は相当数、こうした数字や文書的事実を根拠に過去を直視して歴史を読み解く人がいます。なのに、現実は……。残念ですね。

室谷　韓国では高校までに歴史をそんなに学ぶことはないのですよ。高校の世界史の時間なんて週に1時間あるかないかです。それなのに、耳学問みたいなもので、大学生たちが完全に左翼的な歴史観にみんななっていくわけです。

そういう脳内構造からすると、帝国主義の米国に反対すること、つまり「反米」は検証するまでもなく絶対に正しいのですよ。そうした歴史観を植え付けたのは、戦後の韓国の左翼教員であり、彼らは北の指令をどんどん受け入れていたわけです。

国民に隠している従北反米

加藤　事実と異なる歴史の刷り込みの再生産をずっと繰り返してきたと言えますね。

室谷　どんどんどんどんそれが膨らんでくるわけです。

加藤　いまや従北反日反米で収拾がつかなくなっています。

室谷　しかし国民は文在寅支持派も含めて、依然として安保はアメリカ任せなのですよね。関連して出てくるのが、韓国の戦時作戦統制権の話です。

加藤　戦時作戦統制権とは戦争の時に軍隊の作戦を指揮する権限で、1950年から国連軍司令官や在韓米軍司令官が握っています。

室谷　それを「返せ」と言い出したのは盧武鉉です。「自主国防論」に絡めて出してきたが、実は「韓国の防衛力の弱体化」を目指す左翼イデオロギーの産物です。だから軍部が猛烈に反対した。

加藤　それはそうでしょう。弱い軍の指揮官が、強い部隊を指揮するなんてあり得ないでしょうから。

室谷　ところが曲者は「自主」です。韓国中で「自主」は絶対的なプラスイメージの言葉なのです。それで、盧武鉉後の保守政権は韓国軍の力が在韓米軍に追いついた時に返還してもらうとお茶を濁した。事実上、「返してくれなくていいです」ということです。文在寅政権は盧武鉉の後継政権ですから「返せ」です。それは「独立国として当然」といった論法ですから、それなりの支持がある。しかし言葉の遊びの次元から離れると、文在寅の支持者まで「アメリカに守ってもらわなくてはならない」となる。不思議な国・韓国の一側面です。

加藤　そうですね、そこがおもしろい（笑）。

室谷　安保はアメリカに……で文在寅を支持しているわけです。文在寅の中核グループは「自分たちは従北です」とは言わない。隠してるわけですよ。「反米です」ということも国民世論の手前、隠している。だからぶれて、ぎくしゃくして、コウモリ的に振る舞うしかないわけです。

つまり、「反米」とも言えない。まして「北朝鮮バンザイ」とも言えない。言えるのは「反日」だけなわけです。「反日」には誰も文句を言わないから、「反日」を進めるわけです。日本がそれに怒ると、韓国と日本の離反になる。それが米韓日の安保体制をひび割れさせる。それは北のためになるいいことだと、こういうことです。

加藤　二重、三重に、「反日」はいいことだ理論が上塗りされていますね。

そしてアメリカの軍事力を借りてきて自国を守っている。要するに、日本には「核の傘」がありますが、韓国の場合は全面的に通常戦力も含めて「米軍の傘」の下にいます。

中央日報の社説やコラムでよく出てくるこういう論法があります。自分たちは小さい国である、でも外交巧者であると。つまり、巧みだということです。バランサー外交とか、いろんな珍妙な理屈が繰り出されてきます。韓国には資源もない、人口も少ないのに、あれだけ荒廃した朝鮮戦争の後に今の発展を得たのは、民族として誇りに思っていい、巧みで優秀で強い民族だから大丈夫だ、大船に乗って暮らしましょうというような、およそ論文とも言えないような文章が見られます。

韓国の知識人にはそのような「米軍の傘」の現状に安住して大丈夫だという根拠のない自信があります。そして、北からは攻められない。攻めてくるわけがない。なぜならば、自分たちは巧みな国だから、みたいな。

室谷　でも、同じ民族だったら、北もきっと優秀なのですよ（笑）。

加藤　そうですよね。優秀な国同士が角を突き合わせているわけですから、どうするのでしょうね（笑）。

安保鈍感力は満点

室谷　北の核開発に関しては、すごいとは言っていますね。

加藤　インターネット上の書き込みで相当にありましたね。北のミサイル技術の精度が上がっているときに、韓国のネット民は、北朝鮮はわが国にできないことを次々とやっていてすごいと言っていました。なかば憧れているような、応援しているような、そういう趣旨の書き込みがたくさんありました。

室谷　朝鮮戦争があったのに、北が攻めてくるはずはないと思い込める能力こそすごい。

加藤　これはもう能力ですよね。安保鈍感力が満点。

室谷　だけど、昔、日本にも土井たか子という人がいたでしょう。土井たか子が社会党の委員長になったときにインタビューしたのです。中東で戦争が始まった頃で、安保問題を質問したら、「日本を侵略して得する国なんてないんだから、戦争なんかあるはずがないでしょ」と言いました。

加藤　そういう思想でしたね。

室谷　中東で戦争をしているわけですよ。そのときにそういうことを言う。この人は、損得勘定だけで戦争が起こると思っている。「どいた過去」と言いたくなりましたよ。

加藤　土井たか子さんの話を聞いて、ジャーナリストの鳥越俊太郎氏の話を思い出しました。鳥越氏は２０１４年８月、ＮＨＫスペシャルでの集団的自衛権や日本の安全保障環境に関する討論でこんなことを言っています。

「（日本が）だんだん、何となく安全でなくなったとか、日本の国が攻められるような感じになってきたとかいう声が（番組内で）ありましたよね。日本の平和が侵されるような状況になっているということを前提にお話しになっているが、そんなことは虚構です」

ここで司会進行のアナウンサーが驚いたように「虚構？」と確かめたのですが、それでも鳥越氏は「そんなものはありません」と断言。その上で逆に「どこの国が（日本を）攻めるんですか」と問いただして、こう続けます。

「空気として、尖閣諸島がなんとなく危ないなとか、中国が近くまで来ているなとか、北朝鮮がミサイルを撃っているなとかいうのはありますよ。しかし、すぐ、日本が攻められるとか国民の命が危ないのか。そんなことはないですよ」とたたみかけていました。

私は鳥越氏が「虚構だ」と見なした根拠が語られるのを待ったのですが、ついに示されませんでした。鳥越氏こそ、空気や雰囲気で日本人を備えない方向に誘導しているのではないでしょうか。

室谷　日本での平和妄想は私の世代にはすごく多い。特に、昔優秀だった人たちは、みんな、日教組教育をしっかり記憶しているのです。そこから抜け出せない。昔優秀だった人が、依然として平和憲法を守らなきゃいけないと言っているのは、まさに日教組教育の成果だと思いますよ。彼らの多くは今やテレビのワイドショーに踊らされている「テレパヨ」にすぎないのに、自分たちを良識派だと信じているから扱いづらい。

アメリカの魚雷という陰謀論

加藤　確かに。韓国の皆さんが、一方的に「自分たちは正しい」と考えるのとよく似ています。「正義」や「正しい」についての定義がない。

「平和」についてもそうです。北によって、日本人は拉致され、韓国人は何人も死んでいますけれども、「平和」だと言っているのですから。韓国では延坪島《ヨンピョンド》砲撃で、軍人と民間人が4人も亡くなりました。

室谷　でも、なんの総括もない。ただの戦争の死亡者扱いです。戦争で死んだ兵隊には、「有功者の利権」もない。ベトナムで多くの兵隊が死んだから、そんなものを与えると大変だ、利権が足りない、と。

天安という哨戒艦が沈んだことがありましたね。

天安艦のときもセウォル号のときも、家出して15年、20年というような父親や母親が突如として現れてきて、補償金や保険金を半分取っていくことがありました。それが「親権」、親としての当然の権利だと言うのだから驚きです。

加藤 天安艦の事件は、2010年の3月でした。

室谷 政府の公式発表は北の魚雷にやられたということでした。そうであれば、どうして戦争にならないのか。でも、何もない。むしろ、北ではなくアメリカと交戦したのだというような話が出てくる（笑）。アメリカの魚雷にやられたという陰謀論。

加藤 そういえば確かに、天安艦についてはアメリカ軍の謀略だと主張する人もいましたね。

室谷 そういうことを言っていた一人が、今、首相秘書官になっています。彼は国会で質問されると、学術的な問題だからなどと、とぼけたことを言っていた。しかし、朴裕河《パク・ユハ》の『帝国の慰安婦』の問題は、学術的な話だけれども、さんざん攻撃しているわけです。

加藤 韓国で重要なのは、証拠ではなく、判断、見立て、そしてさらには情緒。情緒が最高位のものであって、次に理屈があって、それから証拠、物証がある。天安艦の場合は、その魚雷の破片が残っていて、回収されています。物証的にも技術的にも爆破のシステムから見ても、明らかにこれは北のものなのです。

ところが、現場で回収された破片に番号が書いてあったのです。ハングルで「1番」と書いてあった。そこから北朝鮮だとは断定できないという世論があるわけです。「北朝鮮ではない」ではなく「断定できない」という説明で論点をぼやかす。例えば、「北ではない」と言えば、「その理由は何だろう?」と追及するし、考えます。だけど、「これは北の犯行だということを直接に言い表すことのできない表記だ」と言われたら、意味がわからない。

室谷　北の仕業を否定したいという情緒ですね。

加藤　事実を確定させるときの論拠はなんでもいいのですから、大変なことです。屁理屈をいって、事実関係の話を学術論争の世界にぼやかして拡散してしまう。これが日本がこれまで、再三にわたってごまかされ、騙されてきた論法なのです。

第2章　軍事音痴の国

軍事境界線の韓国側はのんびり

加藤　朝鮮半島の南北軍事境界線がある板門店で２０１７（平成29）年11月13日に北朝鮮兵士が韓国側へ越境、亡命しようとしました。危篤状態だと聯合《れんごう》ニュースは14日に報じましたが、その後一命を取り留めた。

在韓国連軍司令部によると、兵士は軍事境界線近くまで軍用車で来て下車し、軍事境界線を越え南側に逃走中に銃撃を受けたということです。

室谷　軍用車が共同警備区域（ＪＳＡ）付近にある哨戒所近くの用水路に脱輪したから車から降りたという。

加藤　そうです。そして亡命を阻止しようと追いかけてきた北朝鮮の兵士らが、40発あまりを発砲した。問題は、韓国軍が亡命兵士を一時、見失っていたということ。

室谷　銃撃の16分後に韓国側で倒れていた兵士を発見したけれども、救助までには事件発生から約40分が経過していたという。釈明がすごくて、韓国軍関係者は亡命兵士が北朝鮮側で車を降りた場所は「木で隠れていた上、銃声で北の軍の動きを追っていて兵士の動きは把握できなかった」と（笑）。

加藤　国防相が報告を受けたのは事件から1時間以上後で、軍幹部は「韓国側で着弾の跡は確認されていない」と国防相と異なる説明をしたというのですから、さすがに韓国でも問題になっている。

室谷　でも、軍事境界線の韓国側は常にのんびりしたものです。

加藤　階級が下のほうの韓国の現場の兵士たちは、夜に哨戒所まで北朝鮮の兵隊たちが逃げ出してきても気づかないくらいです。北朝鮮兵士が窓ガラスをコンコンと叩いても、寝ているからわからないという。やっと気づいて「おまえ、誰だ?」と(笑)。北朝鮮から来た兵士だということは、軍服を着ているから普通ならわかるはずなのですが、緊張感がゼロなのでわからないらしい。

室谷　2014年6月21日には、東部の南北軍事境界線付近で、精神衛生の面で「要観察」とされていた韓国軍兵士が銃を乱射し、手榴弾《しゅりゅうだん》を投げて、友軍5人が死亡、7人が重軽傷を負う事件がありました。北に向かって撃っていたら、一触即発ですよ。

加藤　ありましたね。

前線での失敗は日常茶飯事

室谷　この事件で深刻なのは、哨戒所の責任者である哨所長（陸軍中尉）が真っ先に逃げたということ。

加藤　セウォル号の船長と同じく。

室谷　そう。朝鮮半島では古来、「責任者の先逃（せんとう＝率先して逃げること）」が当たり前なのですが、それにしてもと……。

このときの韓国の報道を総合すると、哨所長はすでに寝ていたのだけど、銃声を聞くや飛び起き、そのまま２キロほど離れた別の哨戒所に逃げたという。問題の哨戒所の中には無傷の兵たちがいたのですが、応射しようにも銃器庫のカギがない。カギを管理している哨所長が逃げてしまったからです。

加藤　哨所長は「特殊軍務離脱および戦闘準備怠慢容疑」で憲兵隊に逮捕されましたね。

室谷　でも彼は「状況を伝えるために移動した」と釈明したのですよ（笑）。

加藤　なるほど、真っ先に逃げたのに（笑）。

室谷　さらに非責任者の逃亡もあったのです。捜索中の中尉（逃げた中尉と同一人物なのかどうかは不明）が腕を撃たれたら、従っていた３人の部下は中尉を見捨てて逃げてしまった。その後、なんとこの中尉を撃ったのは乱射した兵士ではなく、別の捜索部隊の誤射だったことが明らかになったということ、この上もない話。

加藤　あれはひどい事件でしたね。

同時期に西部の軍事境界線で、境界線の南方にある韓国側の鉄条網まで北朝鮮兵士が侵入してきて、鉄条網に設置してある「亡命意思伝達用」のインターホンを破壊していたというのもありました。

室谷　事件があったのは2014年6月19日だけれども、韓国軍が発表したのは7月8日でした。乱射事件を機に高まった「軍の秘密主義」批判を見て、しぶしぶ公表したわけ。

加藤　「よくあること」ですからね。

室谷　この事件はまさにさっき加藤さんが言ったように北の兵士が軍事境界線を越えてきても、韓国側がまったく気づかなかった事例です。インターホンが鳴ったので、近くの哨戒所から韓国軍が駆け付けたところ、北の兵士はインターホンの本体を取り外して逃げた後だったというのだから。

加藤　「前線」なのですが緊張感がない。

室谷　こんな調子では、前線の一角は、一瞬にして突破されます。そもそも、「弱兵集団」だった韓国軍をさらに弱くしたのは、金大中－盧武鉉と続いた親北政権ですから、文在寅政権ではなにをかいわんや、です。

作戦内容は漏れまくり

加藤　韓国軍のデータベースセンターに相当する国防統合データセンター（ＤＩＤＣ）が２０１６年９月に北朝鮮のハッカーに不正アクセスされて、米軍が韓国軍に提供した機密が流出したこともありました。

〈韓国国防部（省に相当）が国会国防委員会で与党「共に民主党」の幹事を務める李哲熙（イ・チョルヒ）議員に報告した内容によると、北朝鮮人と推定されるハッカーが韓国軍の内部ネットワーク（国防網）から盗み取った機密文書の中には、韓米両国の対北朝鮮偵察および諜報（ちょうほう）手段や、これらの手段の運用現況などが含まれていたという。北朝鮮が韓国の対北朝鮮偵察手段の運用現況を把握した場合、金正恩（キム・ジョンウン）労働党委員長の動きがつかまれることを最小限に抑え、ミサイル発射など挑発を行う際にも韓米の監視を避けることができる。李議員は「流出資料の中には、米軍が独自に収集して韓国軍に提供した写真ファイルが多数含まれていた」と語った。ただし、機密に分類された写真の内容は明らかにされなかった。ハッキング事件が起こった後、韓国軍は「外国政府などから受け取った資料は流出しなかった」と主張してきたことから、問題はもっと大きいという指摘がある〉（朝鮮日報、2017年10月11日）

いわゆる米韓の軍当局が朝鮮半島の有事を想定した5015作戦が流出したという。

室谷　つまりは北にハッキングされたのですが、韓国の国防相が、大したことはないと言っています。だけど、流出した情報はA4用紙でおよそ1500万ページ分というわけで、あれだけ大量に盗まれたのが本当だとしたら逆に何年間もかけないと読み切れないよね（笑）。

大したものでなくても、軍は秘密扱いしているケースは多いですから、あれもどこまで本当かよく分からない。

加藤　金正恩斬首作戦などの情報も含まれていたと言っていましたけれども。

室谷　だけど、それもよく分からない。

加藤　本当に含まれているのかどうかは、分からないですしね。米軍の斬首作戦の詳細部分が韓国側に伝えられているわけがないと私は思っています。

アメリカは信用していない

室谷　そう。アメリカは韓国に、例えばGPS一つ渡していませんからね。だから韓国のイージス艦は中身がない。装備はあるけど、動きをとらえる電子装置がない。アメリカが出さないから。

加藤　日本はアメリカから情報をもらっていますが、韓国に渡される情報は、比較にならないほど薄い。

室谷　やっぱり韓国軍を信頼していないのでしょう。韓国の海軍参謀総長が中国へ行って、中国の潜水艦に乗ったのですよ。これは大変なことらしい。つまり彼が中国の潜水艦に乗ってしまったら、いずれ中国の軍人も韓国の潜水艦に入って中を覗く権利を得たということになる。軍人たるものは、勧められても乗ってはいけないのだそうです。そんなことをしている軍だから、アメリカはますます信じないのでしょう。

加藤　危なくて危なくて。

室谷　私が韓国にいた頃の話でいうと、米軍の上のほうはみんな韓国が大嫌い。下のほうは韓国が大好きなのです。上のほうは「あいつらはだらしないし、金を寄こせとうるさいし、どうしようもない。日本人とは全然違う」というようなことを言うわけです。特に日本にいたことがある軍人は本当に韓国を嫌っていました。

だけど下のほうは、当時はアメリカは徴兵制だったと思いますが、国に帰っても職もない人たちなので、韓国へ来たら食えて、しかも女にモテると。ここは天国だということだった。

加藤　韓国ではカチューシャが人気です。

室谷　そう。カチューシャといって、在韓米軍の中で雑役をする係として韓国人が送り込まれている。これが、兵役の代わりになるので、非常に人気がある。

加藤　アメリカ軍にいくと非常に食べ物がいいということで人気です。カチューシャになれるのは、超一流大学出身で、ネイティブ並みに英語ができて、知的水準の極めて高い人たちだということをいわゆる彼らの宣伝では言っています。ものすごい倍率をかいくぐってカチューシャになるから彼らはエリートだということになっている。

つまりその意味は、司令部付きなので、一線の戦場に立たなくていいということです。

日本とだけジーソミアは不公平

加藤　情報漏洩の問題で、今後起きるかもしれない心配に、日本と韓国の間で結ばれたジーソミア（ＧＳＯＭＩＡ、軍事情報包括保護協定）の件があります。ジーソミアはそもそも韓国海軍の対北朝鮮哨戒能力を強化する目的が背景にあったわけです。哨戒とは、潜水艦や水上艦の動きを見極める、あるいは情報を共有して、作戦展開に活かすことです。

この哨戒に関する技術、それから装備についてのスペック情報が、韓国側に引き渡される可能性があるわけです。もう渡っているのかもしれませんが、その韓国側に渡る哨戒技術は、海上自衛隊の護衛艦がアメリカ軍の空母打撃群を守るときのものとほぼ同じ。海底地形や海水流、海水温、さらに水路に見合った艦隊の集団航行時の陣形や経路などの情報が向こうに渡ることになる。

するとそれがそのまますっぽりと北に抜けるのはもちろん、中国にも抜ける可能性があるわけです。韓国軍のダダ漏れ状態を見るとそういうことを心配します。

室谷　でも今回が初めてではないですからね。あそこの軍事技術や情報がどこかに漏れた、というのは、むしろ毎年のようにあることです。今回はちょっと規模が大きいということでしょう。

加藤　韓国は中国ともジーソミアを結ぼうとしたことがあります。韓国の理屈で言えば、日本とだけやるのは不公平、不公正だということでしょう。でも、これはさすがに中国側から断られた（笑）。大変な発想力です。軍事常識をわきまえない妄想から入る。

室谷　日本の自衛官もそれを聞いて驚愕していました。

加藤　日本との協定は一度、駄目だと言ってきたのにね。それも調印式の1時間ほど前にドタキャンでしたね。

ところで、韓国はやはり北の情報を持っているとよく言われますが。

室谷　でも、それがどこまで正しいか、分からない。韓国の北朝鮮情報というのは、旧ＫＣＩＡがほぼ独占しているわけですよ。これらの北朝鮮分析は特に最近は当たらないことが多い。いや、昔も当たらなかったわけで、ともかく当たらない。大したことないですよ。

加藤　基本的に韓国の北朝鮮情報は人的情報収集（ヒューミント）です。脱北者、あるいは中国で接触する北朝鮮筋。室谷さんが指摘された情報機関はいまは国家情報院ですが、ここの対人情報収集とその蓄積による分析は確かにあまり当たらない。でも叔父である張成沢《チャン・ソンテク》を金正恩が処刑したときには、リアルタイムでスパッと言い当てていました。あれは韓国が北朝鮮のある地域の中の通信システムを傍受していたという話もあります。どうやって彼らが直接傍受したのか。誰かがタップを付けて、常時監視ができるようにしたという話もある。

この件はたまたま当たりましたが、これはでも分析でも何でもありません。話を盗み聞いたというだけのことだから情報源が信頼できるかどうかにかかっている。日本も情勢判断や戦略分析にはかなり苦労していますが、最近の韓国に高度な分析は無理だと思います。

室谷　北では闇市の商人が力を増していて、闇市では日本製のテレビが○○ウォンといった情報などは結構とれているようですが、上層部の動きなどの分析は全然駄目。

韓国は自衛隊を入れない

加藤　朝鮮半島有事があるとするとどういうことが起こり得るでしょうか。

室谷　どういう形態になるか。

例えば、北がミサイルをぶっ放すとする。するとやはり何発か、日本に落ちてくると見なければならないでしょうね。日本の迎撃能力がどのくらいあるのか分かりません。そして常識的に考えれば、韓国はかなり痛手を受ける。そうすると、北についてどうのこうのと言っている余裕はないでしょう。

おそらく韓国は、アメリカには陸上から北朝鮮に入るなということを言うでしょうね。自分たちも入らないからといってアメリカを入れない。空爆はしても地上軍は送るな、戦後のことは北朝鮮と自分たちに任せろ、というのがおそらく韓国のスタイルでしょう。

そんな事態になって、北朝鮮を主導する人間が生き残っているのかどうかというのは、これはまた分からないけれども。

加藤　韓国内の邦人は約3万8000人で、他に旅行者もいる。その多くが滞在しているソウルは南北軍事境界線に近いわけです。

北朝鮮は境界線沿いに大量のロケット砲を配置していますから、有事にはソウルが集中砲火を受けて甚大な被害が発生する恐れもある。でも、韓国は邦人退避事態にも自衛隊を国内に入れないでしょうね。

室谷　入れないでしょう。ロッテホテルが日本の自衛隊創設60周年記念レセプションを「前日キャンセル」した国ですから。

加藤　室谷さんがかねて指摘されているように、慰安婦問題は韓国にとって宗教ですから、普遍的な原理になってしまうわけです。日本を敵視する原理。そうすると、北朝鮮との緊張がよりいっそう具体化して、日本人を退避させなければいけないという局面で、日本の自衛隊の船や航空機で韓国に行こうとすると、例えば旭日旗を掲げている船などは、絶対に入港を認められない。慰安婦問題という反日の宗教はそういう論法に説得力を与えてしまう。「反日普遍化の原則」です。自衛隊は韓国に入れないと思います。そうすると日本は主体的に日本人を助けることができません。

室谷　自衛隊は入れないでしょうね。ただし自分の国が北の戦力によって亡びそうになったら別だけど。そんなことになったら今度は「自衛隊が来るのが一番遅かった」なんて、あとで言いかねない。

加藤　事前の退避の段階では、一悶着も二悶着もあると思います。日本人もパニックになるでしょうから、一刻も早くなんとかしてもらいたいと騒ぐでしょうし。

室谷　漁船を仕立てて、帰ってくるしかない。密航みたいな感じで、漁船で帰る。

加藤　米軍など国連の枠の中で貨物船や漁船を引揚船に仕立てて、ごまかしながら助け出すしかないですよね。

室谷　今にして思うと、アメリカは1994年に北朝鮮の核問題を決着させておくべきだった。94年に当時の米クリントン大統領が北の核問題を決着させようと準備をしたら、カーター元大統領がしゃしゃり出て融和策を進めたわけですが、北朝鮮はそのときの約束を何も守っていない。

加藤　今回もまた、カーター元大統領が、北朝鮮を訪問して金正恩との面談を模索しているという呑気な話がありました。ナンセンスだと言って、ホワイトハウスから一蹴されていましたけどね。

室谷　ドイツの元首相、シュレーダーといい勝負。彼は「ナヌムの家」（元慰安婦の女性が共同生活するとされるソウル郊外の施設）に行って、慰安婦問題で謝罪していないと日本を批判し、さらに文在寅と会談して「過去を直視することが関係国との協力の基盤になる」と発言していましたから。

加藤　シュレーダー元首相は韓国人女性と交際しているという。

室谷　レベルで言えば、日本の菅直人や鳩山由紀夫も同じようなものか（笑）。

加藤　韓国や北朝鮮にかかわって、晩節をけがす首脳級というのは、たくさんいますけど、カーターやシュレーダーは典型的な例ですね。まったく韓国を知らない、わかっていない。

朝鮮戦争という韓国内歴史戦

加藤　朝鮮戦争について思い出してみるとしましょうか。

室谷　朝鮮戦争が大変だったのは、最初の1年でしょうね。あとの2年は休戦協定が結ばれないというだけで、時たま、散発的な戦闘があったという感じなのです。3年間、ずうっと戦っていたというわけではありません。

朝鮮戦争で最初にソウルが陥落した際、朝鮮日報は「金日成《キム・イルソン》将軍万歳」という見出し記事を掲載していたことが発覚しています。

加藤　朝鮮戦争は中国人民解放軍とアメリカの戦いという様相でした。

室谷　でもその歴史的記憶すらも忘れて、2015年9月3日に中国の抗日戦争勝利記念の軍事パレードで、朴槿恵は天安門に立ったのだから。

韓国兵は結局、朝鮮戦争で何にもしなかった。逃げるだけで。

加藤　たまに英雄的な行為があると、記念碑を建てたりしてそれを誇大に宣伝している。

室谷　ところが、次から次へとそれが嘘だったという話が出てきている。

加藤　朝鮮戦争の〝英雄虚構事件〟はいくつかあります。例えば、開戦当日の1950年6月25日に北朝鮮の「戦車型自走砲」10台に、手榴弾などで肉迫攻撃をして3台も撃破したとされていたものの、実は戦車の攻撃を受けて逃走していた――というものなどですが、それが虚構であることを堂々と言ってしまうと、肉親や保守系の人たちに殺されかねないのです。

室谷　名誉棄損で訴えられるし。

加藤　朝鮮戦争は、一方で、国内の「歴史戦」の舞台によくなります。彼らは日本とだけではなく国内で歴史戦をやっているのです。

そもそもの朝鮮戦争開戦の経緯について、2013年に韓国の高校生を対象に調査した結果がおもしろい。「韓国が北朝鮮を攻撃して始まった」と考えている者が69％もいたのです。これについて当時の朴槿恵大統領は「教育現場での歴史歪曲は絶対にあってはならない」と怒りをにじませていましたが、国内に、現代史の見方をめぐって深刻な左右対立があることを示していますね。韓国の保守派はその後「新しい歴史教科書」を企画し、歴史論争が深刻になっていましたが、文在寅大統領の出現で、今後は左派の歴史認識がますます幅をきかせるでしょう。

室谷　朝鮮戦争の歴史認識はバラバラだし、そもそも論で言えば、建国がいつかということからもめていますから。

加藤　朝鮮戦争は「北朝鮮が攻めてきて始まった」わけですし、これが事実なのですが、いまお話ししたように別の説がある（笑）。「南側が北に攻め込んだことによって始まった」と信じている韓国人が普通にいます。この「北進説」は、北朝鮮側の言い分です。平和を乱したのは、南側の勢力だという北の言い分を信じています。

室谷　今から30年前くらい、私が特派員でいたころですが、韓国の当時、50歳くらいのおばさんがこう言っていた。

「あなた、日本の記者なんだから、本当のことを知っているでしょ。教えてほしい」

と。「何ですか」と聞くと、「北朝鮮は、本当は裕福な国なんでしょ」と。「え？」と（笑）。

本気でしたよ。彼女は、北は本当は裕福な国だと信じていて、それを日本人記者から確認したいわけです。今でもそう思っている人はいるかもしれない。きっといるだろうと思います、あの国のことだから。脱北者を「裏切り者」と罵るのが、あそこのパヨクですからね。

韓国人の難民がやって来る

加藤　ところで朝鮮半島有事があると、難民問題が発生すると言われますが、日本は難民が入る施設が物理的に足りないですね。そうすると入管職員を大量に動員して、難民を公共の施設や民間の施設に引き受けさせるような事態にもなりかねない。

室谷　しかし北朝鮮から日本に来るのは、ちょっと大変です。最近は青森や秋田に北の船が漂着していますが、成功率は高くないようだ。そもそも船を持っていなければならないから事実上、漁民以外は無理。あるいは漁民を装った兵士です。むしろ、一番の問題は、大量の韓国人が対馬に来ることだと思います。

加藤　北朝鮮からではなく、韓国人が大量に来るのですか。

室谷　韓国には金さえ出せば調達できる船がたくさんありますからね。北から来た場合は、偽装難民かどうかをよく調べなければなりません。北からは一般的には地続きの中国、ロシアに行くでしょうね。あるいは韓国に逃げていくか。

加藤　韓国人は確かに何も起きないと思って、大した備えもしていない人たちですから、いざ混乱が起きたときのパニックは相当なものかもしれない。朝鮮戦争のときはどうでしたか。

室谷　日本に逃げて来たでしょ。その前も済州島から来ましたよね。

加藤　済州島暴動。

室谷　そう、１９４８年４月３日、済州島で勃発した暴動と、その苛酷な鎮圧過程で起きた大虐殺を「済州島４・３事件」と呼びますね。

加藤　今に至るも事実関係が、よく分かっていないようですね。

室谷　そうです。「加害者側証言×被害者側証言」のぶつかり合いで、事実が確定していません。でも明らかなのは、朝鮮戦争が起きる前の混沌とした状況の中で、南朝鮮労働党（北朝鮮労働党の南部組織）が済州島で暴動を起こしたことが発端だということ。

このとき、「共産主義者の残虐性」をたたき込まれていた軍・警察と自警団、本土（朝鮮半島南部）から駆け付けた反共グループは、鎮圧するだけにとどまらず、「疑わしきは殺す」で、半年の間に、島民の2割以上を殺戮したとされています。実数として挙げられるのは4万人とも6万人とも言われる。

そのときは済州島から日本に大量に韓国人が来ているわけです。ボート・ピープルとして日本に上陸したのです。「人道的に保護すべき難民」とはいえ、この時のボート・ピープルには南朝鮮労働党の党員やシンパも潜り込んでいたわけです。その人脈は、日本の左翼政党や左翼組織に食い込み、今日に至っている。今も彼らに揺り動かされている政党や政治組織が日本にはある。しっぽがずっと残っているわけです。

ボート・ピープルとして、日本社会に居住の地を確保した彼らの一部が、いつのまにか「強制連行されてきた朝鮮人の子孫だ」と名乗る。そして、彼らに本当に同情しているのか、あるいは嘘だと知りつつ、自分たちの活動に利用しているのか、いわゆる反日日本人がいる。

加藤　昭和34年の政府調査（外務省発表）によると、当時約61万人いた在日朝鮮人のうち、徴用労務者として日本に来たのは２４５人だけということです。徴用労務は「強制連行」ではありません。

メインスタジアムに手抜きはないか？

室谷　そもそも戦争がなかったとしても、平昌《ピョンチャン》冬季五輪がうまくいくかどうか。

加藤　それ自体の問題がありますね。

室谷　一応、次から次へと施設の完成は続いているわけです。だけど、開会式、閉会式を行うメインスタジアムは屋根がないわけです。暖房設備もない。冬季オリンピックが開かれる２０１８年2月の平均気温はマイナス４・６度だそうですよ。風が吹くと、体感温度はマイナス10度以下になるという。

それで夜、開会式を約2時間やるというのです。雪が降るかもしれないけれども、屋根がない。すると、まず病人が出る。選手の中からも体調を壊す人が出るのではないでしょうか。

加藤　それはきつそうです。

室谷　それから今もって、宿泊施設が足りないわけです。チケットが売れていません。17年11月上旬の段階で3割ほど。それで自治体への押し売りが始まり、下旬には5割売れたと大喜びです。自治体は、押し付けられたチケットを、地元住民にタダで配ります。でも、タダのチケットをもらっても、遠くの人は行かないでしょう。で、周辺の中学生や高校生を動員して満員にするでしょうが、その動員してきた人間たちはどこに泊まるのか。あるいはどうやって帰るのか。

兵隊だったら、トラックに乗せて運ぶでしょうが、学生もきっと動員されるだろうし、どうするのか。不思議です。

そもそも、そのメインスタジアムは、開会式と閉会式にしか使わないのです。あとで壊すことが決まっています。韓国の建築業界は、そんなに長く使わない、2カ月ほどで壊す建物を、手抜きなしでつくるでしょうか。何万人も入れたら、崩壊の危険性もあると思います。

加藤 建物は手抜きが多いですよね。

室谷 施工者が中抜き、つまり資材の横流しをしているので設計図どおりには施工できない。下請けは代金が安すぎるので、手抜きをせざるを得ない。

「韓国初のドーム球場」と鳴り物入りの完工を祝ったソウルの「高尺スカイドーム」

開閉会式が開かれるオリンピックプラザ。屋根がないのは幸か不幸か

で雨がポタポタと漏れ始めた日のこと、延世《ヨンセ》大学の中央図書館も天井からの滝のような雨漏りがあり、学生たちが悲鳴を上げて逃げ惑っていました。

さらに同じ日、ロッテデパート釜山本店では、地下1階の天井の隅が崩れ落ちたのです。現地報道によると「換気口に雨水が溜まったため」とロッテは説明していました。いったいどんな構造をしているのか、見当がつきませんが。

加藤　それでも屋根がないスタジアムなら、雨漏りも天井崩落も心配ないですね（笑）。

室谷　現代建設がクウェートに建設中の世界最長の海上橋「ジャベル橋梁」で、

1800トンの床板が崩落しました。韓国証券新聞（16年9月6日）によると、クウェート政府監理団がその年の1月に「未承認図面を使うなど不良工事の憂慮がある」「繰り返される失敗とこれによる工期遅延はすべて現代建設の責任」とする警告書を出しているいわくつきの床板です。例を挙げればキリがないのですが、韓国の建造物は手抜きと、中抜きがセットですからね。

「疑惑の風」が吹く韓国の大会

加藤　そもそもオリンピック組織委員会のトップである趙亮鎬《チョ・ヤンホ》大韓航空会長が、もう手を引いているわけです。

室谷　例の「ナッツ姫」のパパですから、手を引かされたと言ったほうがいいかな。「ナッツリターン問題が表面化した後、組織委員会の仕事が手につかない状況が続いている」（朝鮮日報、15年1月8日）という話もあった。

加藤　結局、誰がトップになりましたか？

室谷　建設関係の元官僚です。この建設官僚が指揮する組織委員会が、日本列島が存在しない世界地図を公式ホームページ（HP）に掲載したのです。

加藤　「当初、地図上に日本はあった。今年2月のホームページ改編過程で単純なミスで抜け落ちてしまっていたことが確認された」なんて言い訳していましたが、そんなはずがあるわけがない。だいたい「竹島」を「Ｄｏｋｄｏ」、日本海についても韓国名の「Ｅａｓｔ　Ｓｅａ（東海）」と記しているのだから。

室谷　韓国がこれまでに開いた世界大会は、ソウル・オリンピック、世界陸上、仁《イン》川《チョン》のアジア大会、それからＦ１レース。どれを取っても、世界から拍手されたということはない。どこの国も、「何だ、あれは」という感想です。

加藤　そうですね。２００２年の日韓共催ワールドカップのときも、完全にイタリアが切れていましたからね。トッティが「審判を変えて最初からワールドカップをやり直すべきだ」と不満を述べたりした。大会運営もそうですが、ゲームの進行をつまらなくするような介入をしたりする。

室谷　ソウル・オリンピックのときは、ボクシングで韓国の選手が倒れそうになると、停電したのです（笑）。これなんかはマンガ。

加藤　仁川のアジア大会のときには、バドミントンで変なときに風が吹いた。

室谷　「疑惑の風」というやつ（笑）。

加藤　日本人の水泳選手が、カメラを盗んだということで捕まったのも仁川だった。

室谷　あれは極め付きの変な裁判でしたね。「盗んでないことを証明しろ」なんて検察が言うことですか。「かくの通り盗んだ証拠がある」というのが、普通の国の検察だ。通訳がいないので、どうしたのだといったら、日程を間違えて来てないとかで、韓国語ができない被告を立たせて裁判を続行。結局、有罪になった。

加藤　私の裁判のときも、いざ、きわめて重要なときになって、まったくデタラメな通訳が出てきました。日常の取材には困らなくても、裁判では正規の通訳が不可欠です。裁判の厳格性を担保するようなことに配慮がない国です。

魚群探知機をソナーに

室谷　韓国は国中が腐敗しているとも言えますが、軍の汚職も山ほどあります。例えば師団であれば、1日の給食費がいくらと決まっているわけです。すると、師団長や連隊長が食事はカビたパンでもいいから、そのかわりに一人につきいくら寄こせというようなことをする。師団ならすごい人数になりますから。

でも、そんなのは小さい話で、汚職の温床は兵器ですよ。

加藤　そうなのです。海軍の救難艦である「統営」という船があります。これが建造されたとき、水中の沈没艦などを探査するソナーに、魚群探知機が使用されていることが明らかになっちゃった（笑）。軍用の高性能のものではなくて、民間のマグロ漁船に使用する魚群探知機がそこに乗っていたわけです。

さすがに恥ずかしいと思ったのか、それに関わった軍需業者の代表と防衛事業庁の職員二人が賄賂を授受した疑いで起訴されました。２億ウォンの魚群探知機を、ソナーと偽って41億ウォンで納品したのですから、その差額はちょろまかしたのでしょうね。

室谷　そりゃそうでしょう。

加藤　マンションでも買ったのかな。

室谷　でも、軍の汚職は頻繁にあるから。このときは、セウォル号の事故で救難艦が注目されていたから問題になった。

１９７０年代にアメリカの政界を揺るがした「コリアゲート事件」（別名・朴東宣事件）というのもありました。在韓米軍撤収の動きを抑えるため、韓国人ロビイストの朴東宣が展開した大プレゼント作戦。でもこれはまだ「国防のため」という〝切実な目的〟があった。

加藤 本当にしょっちゅうですね。

室谷 高級軍人はすべて、「軍事費をおいしくいただく人たち」ということです。

加藤 そうそう（笑）。

室谷 昔からの伝統ですね。李舜臣は豊臣の水軍と戦う傍らで、食糧横領の罪で副官クラスを何人も処刑しています。お国のために戦う時も、わが懐が大切。まさに滅私奉公の逆、「滅公奉私」でどこが悪いという国民性ですね。

中国軍では、大砲の弾がたくさん入っている倉庫のはずが、見てみたら一発もないということがよくあるそうです。みんな胃袋に消えちゃったと。

加藤 そういえば腐敗とはちょっとずれますが、T50ゴールデンイーグルという練習機をインドネシアに売り込んだときにすごい話がありましたね。売り込みを図るときに交渉が難航していたのですが、そのとき何をしたか。インドネシア大統領特使団が韓国に最後に来たときに、その相手の交渉の手の内を事前に調べようとして、国家情報院の工作員がロッテホテルの部屋に忍び込み、インドネシアの経済担当調整相のパソコンを見ていた。

室谷　そこを、見つかっちゃった（笑）。

加藤「おまえ、何やってんだ」「いや、私はホテルの従業員です」「違うだろ〜」って豊田真由子さんみたいな話（笑）。

北の特殊部隊は展示用

室谷　あれはマンガだった（笑）。腐敗で言えば、北もどうやら似たようなものですね。

加藤　半島情勢に一朝ことあらば、北も一線の兵士から逃げるのではないかという説が出ています。

室谷　つまり、核やミサイル、そういうのはピラミッドの上の方の話であって、底辺はどうしようもないという。

加藤　北の一線の兵士の状況はプロが見るとダメなことがよくわかるようです。北の軍事パレードに、顔を黒く塗ってサングラスをかけた「特殊部隊」が出てきましたね。あれはおそらく装備を見せるためのもので、あの特殊部隊全体が展示用の部隊だというわけです。なぜそれがわかるかというと、行進中にみんな軽く口を開けて、あえぎながら歩いていたからだと。装備の重さに耐えかねているのでしょうかね。そんな練度の低い特殊部隊はありません。

たまたま体が大きくて見てくれのいい、粒ぞろいの人間を急ごしらえの展示用特殊部隊に投入している。装備はレプリカかもしれませんし、本物だったとしても彼らには使いこなせない。まわりを威圧するだけの役割。そういうことを指摘する人がプロでいますね。

だからといって、別に北朝鮮の軍事力を侮っているわけではありませんけれども。北のミサイル性能向上のスピードは速い。

室谷　彼らは韓国と同じく、自分たちで造らず、よそからもらってきて組み立てる文化。北の核技術は日本から持っていきましたね。

加藤　京都大学・原子炉実験所の男性准教授が北朝鮮渡航後の再入国禁止の対象になったと産経新聞が報じました。核実験や弾道ミサイル発射を繰り返す北朝鮮への独自制裁として、日本政府が在日本朝鮮人総連合会（朝鮮総連）幹部や、傘下の在日本朝鮮人科学技術協会（科協）構成員を対象に実施している北朝鮮渡航後の再入国禁止措置の対象に、京都大学・原子炉実験所の男性准教授が含まれていたのです。

この准教授は過去に、北朝鮮や朝鮮総連との密接な関連がある「金万有科学振興会」から、核技術に関する研究で奨励金を得ていたわけです。この団体は２００５年に北朝鮮向けの医薬品不正輸出事件の関係先として、科協とともに警視庁公安部の家宅捜索を受けていました。科協は北朝鮮やイラン向けの精密機器不正輸出事件で警視庁が02年に摘発した事件への関与が判明しています。

この男性准教授は北朝鮮への渡航歴はないとしていますが、韓国に多数回の出国歴があったほか中国、欧米への渡航歴があったわけです。

でもほかのメディアはこの件を全く報じない。日本の責任は重いですよ。そもそも北朝鮮とは往来自由だった。今は渡航すれば帰ってこられないとこの准教授に通告されているけれども、中国経由で出入りしたら、わからないですよね。

室谷　しかも何のペナルティもない。

加藤　京大はじっくり調査するという言い方で、その後はどうするつもりだったのか。

ロケットの技術についても、ウクライナの会社が作ったものがロシアから流出したのではないかという説や、ウクライナの会社自体が技術者ごとそれを売ったのではないかという説など、最近、いろいろ出ています。いずれにしても、もらってきたものを一度ばらして再構築するというリバースエンジニアリングを北朝鮮は行っています。

自前兵器のポンコツぶり

室谷　韓国で核武装すべきだと時々、書くのは、中央日報までの3紙です。

加藤　「中央日報」「朝鮮日報」「東亜日報」の3紙ですね。

室谷　左翼紙は知らんぷりしている。韓国人の中には、やはり統一すれば北の核は自分たちのものになるのだという考えがあります。

加藤　そういう論法ですね。

室谷　それで日本を撃ってやるという（笑）。いや笑えないけど。実際のところは、いま韓国では核兵器は、とりあえずアメリカの戦術核が入ってくればいいという考えでしょう。それよりも原子力潜水艦を造ると言っています。

加藤　自前建造を目指していますね。

室谷　でも、3千トン級の潜水艦をまだ造っていないのですからどうするのかと思いますが……それを言い始めたら何も造れない国だから困る。

加藤　言葉を慎重に選ばなければいけませんが、韓国の自前兵器のポンコツぶりというのはすごい。作り出すもの、何から何まで次から次へと、自信を持って送り出せば出すほど、力を入れれば入れるほど、問題が発覚する。揚陸艦の「独島」はすごかった……。

室谷　独島艦（上陸用強襲艦）がそうだし、潜水艦がそうだし、自走砲もそうだし、戦車もそう。

挙げればキリがないけど、例えば独島艦。バラスト水タンクの破裂で、発電機２基が使えなくなった。残りの２基で航行していたところ、負荷がかかりすぎて１基から出火。もう１基も消火のための海水を浴びて、ダウンしてしまい、北の領域近くまで漂流したことがありました。

加藤　言葉を選ばなければいけませんが、ポンコツですね（笑）。

室谷　そう。主力潜水艦３隻のうち、１隻はもう３年以上も「修理中」。残り２隻も、セールと甲板を固定するボルトの強度が足りないため、安心して潜れないという。

加藤　空軍も結構いろいろありますね……。

室谷　北朝鮮が韓国海軍第２艦隊司令部に砲撃訓練の実施を通知してきたことがあり

ました。黄海の北方限界線（NLL）の北側海域に50発あまりの海岸砲が撃ち込まれただけで、限界線を越える着弾はなかった。

ところが韓国空軍はすごい。韓国忠清北道の空軍基地から、複数のF4ファントム戦闘機が警戒のため緊急発進、うち1機が離陸中にAIM9空対空ミサイル（サイドワインダー）を誤射したのですよ。

韓国空軍の最初の発表では「ミサイルは単純に滑走路へ落下した」「ミサイルがやや損傷したが、すぐに回収し、特に被害はなかった」でしたが、後に「戦闘機から落ちたミサイルが滑走路に衝突した後、いくつかの破片となり、2・3キロ地点まで飛んだ」とする一部メディアの報道を追認したわけです。

中央日報は2014年5月8日、こう報じています。

〈7日に追加で確認された事実はそれ以上だった。ミサイルが落ちただけで済んだのではなかった。誤作動で発射されたミサイルはその後、滑走路で500メートルほど動いた後、やや浮いて1・7キロ近く飛び、また地面にぶつかって弾頭と本体が分離した。この時に落ちた破片が半径2・3キロの周辺に散った〉

同紙によると、空軍当局は「機体が古く、ショートしたため、ミサイルに誤った信号を送り、ミサイルが飛行機を離脱した」と強調したというのです。

加藤　危ないなあ。北朝鮮のほうがまだマシですね。

室谷　もっと言えば、例えばヘルメットが駄目だったとか、手榴弾がピンを抜いた瞬間に爆発しちゃったとか（笑）。

加藤　あと小銃も駄目でしたね。

“名品兵器”を報じるパターン

室谷　複合小銃ですね。そしてそれらはまず、韓国が独自開発で作った名品兵器というようなタイトルで新聞に出てくる。

加藤　「名品」という言葉も、好きですよね。

室谷　そう。そうすると、1カ月か2カ月するうちに、「欠陥が明らかになった」とか「自主開発ではなくて、一部外国の技術」という情報が出るというパターン。

加藤　そうです、そうです。

室谷　そのうち、ほとんどが外国の技術だったとなる（笑）。

加藤　本当にそういうパターンが確立されています。さらに、実は外国の技術が使われている部分には全く問題がなかったことがわかったりする。
例えば戦車などは、いわゆるパワーパックというエンジンとギアのシフト部分の構造体を自前で作ることができない。何度やってもうまくいかず、結局、ドイツから買って取り付けることになりました。明らかに「自前の技術」とは言えません。

室谷　韓国型機動ヘリコプター「スリオン」に関する中央日報の報道でこのパターンを実証してみましょうか。

〈韓国型機動ヘリコプター「スリオン」の開発が完了し、本格的な量産に入る。これで韓国は世界で11番目にヘリコプターを自主開発・生産する国になった。……操縦士2人を含めて18人まで搭乗できる〉（2013年3月30日）

〈〝スリオン〟を実戦配置する記念行事が、朴槿恵大統領が参加する中で22日、忠南道（チュンナムド）の論山（ノンサン）陸軍航空学教（学校）で開かれた。……2020年までに200機余りが供給される〉（13年5月23日）

読者は、自前の技術による軍用ヘリの開発が成功したと思うはずです。韓国の新聞が「韓国型」と書く場合、韓国の読者は「100％国産」と思い込みます。それなのに、次はこんな記事でした。

〈「スリオン」の核心である動力伝達装置が、国産化されていなかったことが明らかになった。技術移転契約をしてから7年経過したが、依然として核心部品全量を海外企業に依存している。監査院は1兆3000億ウォン（約1400億円）が投入された国産化作業が事実上失敗したと見て、調査に着手した〉（14年12月13日）

完全国産ではなかったのか？　と国民は落胆するでしょう。が、そんな落胆も忘れ去られたころに、勝どき記事が登場する。

〈スリオン派生型機体が最近、3時間ほどかけて浦項（ポハン）－独島（日本名・竹島）往復飛行（約524キロ）に成功した。……任務装備をすべて備えた搭乗者7人（700キロ）を載せて移動し、実際の作戦に適用可能かどうかも確認した。……スリオンは06年からKAIなどが1兆3000億ウォンをかけて開発を完了した国産ヘリコプター……1機あたりの価格は基本型が200億－250億ウォン、独島往復飛行に成功した派生型機体は約300億ウォン（約30億円）〉（15年9月11日）

派生型機体とは改良機のことで、いつの間にか搭乗人員が18人から7人に減っているわけです。14年と15年では為替レートが変動していますが、200機販売しても、利益はわずかで開発費の元は取れないでしょう。

加藤　こうしてみると、本当に安定したパターンという感じがします。

するりと嘘の尻ぬぐい

室谷　スリオンが陸軍基地に配置された翌日、中央日報（2013年5月23日）は朴槿恵大統領による「韓国の国防科学技術の優秀性を内外に立証する快挙」という祝辞も載せていた。

でもこの記事（日本語サイト）の最後で、スリオンを「修理オン」と誤記していたのです（笑）。

加藤　まだ日本語サイトにそのまま残っていますね。

〈朴大統領はまた、「修理オンの開発と生産を通じ、約12兆ウォンの産業波及効果と5万人の雇用創出まで期待できることになった。いまや韓国の防衛産業は民間の創造力と結合し創造経済の花を咲かせる核心動力にならなければならない」と強調した〉（傍点加藤）

「スリ」を同音の漢字に置き換えると、「修理」に当たります。韓国でも「すべて修理」だと、自虐的な冗談が飛んでいます（笑）。

本来、「スリ」というのは韓国の固有語で「鷹」という意味、オンは「すべての」という意味です。つまり「スリオン」は、「鷹のすべて」という名前からも分かるように性能を誇るヘリコプターだった。

室谷　「修理オン」モードなのですよ、あれ（笑）。

デビューから半年で、国防技術品質院が「ワイパー、始動モーターの原資材などに性能試験検証を偽造した変造部品が確認された」と発表しました。そして、14年末には、先にも述べたように、動力（減速）伝達装置が国産ではなく輸入品だったことが、韓国で初めて報道されたわけです。もちろんエンジンも燃料タンクもミサイル防御装置も輸入品であることは、日本の軍事マニアはみんな知っていました。ある記事を見ると、エンジンを製作したアメリカのGE社はこれではいけないと言っていると書いてある。あれ、エンジンも違ったのかな、と（笑）。「開発製造した」とメーカーは言っていますが、実は仏ユーロコプター社の指導を受けて組み立てただけ。でも韓国人はこの報道に接しても「動力伝達装置だけ輸入」と思い続けていたわけです。

２０１６年5月には、機体フレームに亀裂が入り、フロントウインドーがひび割れる不具合が当初から起きていたことが明らかになりました。さらに同年9月には、米国での冬季検査の結果、エンジンの空気取り入れ口に許容量を超える氷が付着する欠陥があるため「不合格」となっていたことも明らかになったという。

加藤　結局今、スリオンはどうなったのですか？

室谷　「欠陥ヘリ」にもかかわらず、スリオンを製造した韓国航空宇宙産業（ＫＡＩ）社長は16年に「韓国企業家のノーベル賞」と呼ばれる茶山経営賞を受賞しましたが、現在ヘリは納入拒否に遭っています。文在寅政権が17年7月になって、欠陥ヘリの納入を続けた防衛事業庁（国防省の兵器調達部門）のトップを背任容疑で捜査するよう検察に要請したからです。防衛事業庁のトップは朴槿恵と大学の同級生だったということです。さらに、ＫＡＩの社長は汚職で捕まった。粉飾決算だとか、自分を再任させるよう、関係者に賄賂を贈ったとか……。

加藤　韓国ではよくある話ですね。

いま室谷さんが指摘されたような手法を韓国の新聞は本当によく使いますね。しれっと記事の中に「都合の悪い事実」を入れてくるのが上手い。

室谷　ほんとに。するりと嘘の尻ぬぐいをする。ついつい読み飛ばしてしまうようなところに〝新事実〟を書いている。ちゃんと報道してますよ、というような証拠作りです。

加藤　でも世論はそれに特段、異を唱えません。

室谷　先ほども話に出ましたが、新聞をしっかり読む人、読める人が少ないからかもしれませんね。

第3章

朝鮮半島、もう一つのリスク

韓国型共産体制へ

室谷　韓国の検察は朴槿恵政権の番犬から、あっという間にロウソクデモ隊の走狗になり、いまは文在寅政権の猟犬になっている（笑）。

加藤　本当に節操がない。

室谷　文在寅政権が目指しているのは「右に絶対に戻れない政治・社会的装置」です。それが完成した姿は「韓国型共産体制」と言える。

聯合ニュースに、高位公職者を取り締まる特別検察をつくるという記事がありました。

〈文在寅（ムン・ジェイン）大統領は検察による権力におもねった捜査を防ぐため「高位公職者不正捜査処」を設置し、公務員の不正行為に対する捜査と起訴を専門に担当させる方針を示していたが、名称は「高位公職者犯罪捜査処」に決まった。

捜査対象は大統領、首相、国会議員、大法院長（最高裁長官）、憲法裁判所長、最高裁判事、憲法裁判官、広域自治体の首長など。

政務職の公務員や高位公務員、判事・検事と高位の警察官、将軍級将校も捜査対象となった。現職ではなくても退任後3年未満の元高位公職者は捜査を受ける。高位公

職者の配偶者や直系尊属・卑属、兄弟姉妹も含まれる〉（2017年9月18日）

2017（平成29）年10月15日の聯合ニュースには「立法・行政・司法府のいずれもに属さない捜査機関となる」と書いてあります。では第四権か（笑）。そんなものを憲法改正もせずに作るのでしょうか。

加藤　捜査員は最大122人ということで、すごく仰々しい。

室谷　検事をそこに、25人ほど入れるらしい。日常査察するのか、いったい何をするつもりなのか。だけどこれは笑い事ではなくて、おそらく保守野党と保守系3紙をつぶすための算段だと思います。米国と北朝鮮の戦争か、軍主導の革命でも起きない限り、文政権は着実に「韓国型共産体制」への道を歩みますよ。

加藤　保守系3紙とは、中央日報も含めて？

室谷　いいえ、朝鮮日報、東亜日報、それに韓国経済新聞です。中央日報はTHAADが問題になった頃から、左派に転じた。韓国経済新聞は中央日報の日本語サイトを借りて日本語ニュース提供をしているので、日本の韓国ウォッチャーの中には中央日報の系列紙だと思い込んでいる人が多いのですが……。韓国経済新聞は、時に日和見する東亜日報よりもずっとしっかりした論調を堅持していると思います。

北に近づくのはいいこと

加藤　文在寅政権は５カ年の経済政策で、「韓国経済のパラダイムを全面的に転換する」としています。大企業や製造業に偏っていた政府支援を改め、「人への投資」を増やし、所得主導の経済成長を目指すというのですが。

室谷　今の文在寅政権が行っている経済政策によって、韓国は国際経済力を失うのではないか。これが文在寅政権の経済政策を見たときの、日本の普通の人の意見だと思います。

私はその見方は違うと思っています。文在寅グループにとっては、韓国の経済が落ち込むことは「いいこと」なのです。なぜなら、北朝鮮に近づくのだから。もちろん、そんな本音は国民の前では決して言いませんが。

文在寅に象徴される韓国の従北左翼の感覚は、自由社会の常識とはぜんぜん違うのです。

彼らにとって、「北に近づく」は、隠された大義名分論なのです。その大義名分に基づけば労働者のためと言える政策はすべて「いいこと」です。あるいは、貧民を救うことも「いいこと」だし、財閥を叩くことも「いいこと」です。そういう発想がある。

その発想で、2018年から公営企業について労働組合代表の理事を設ける法案を準備しています。公営企業に「労組代表理事」が定着すれば、いずれ民間企業の取締役会にも拡大します。すでに17年11月のKB金融の株主総会では、政権の意を受けて国民年金公団が労組代表取締役の選任に賛成の態度を示しました。外国人株主らの反対で否決されましたが、国民年金はさまざまな企業の大株主ですからね。

加藤 労組による企業支配ですね。

室谷 官庁エコノミストはかつて、野党・労組側からの「労組代表の理事・取締役」提案に対して「企業の能率を損ねる」と強く反論していましたが、政権が変わるや「民主化を進める良い制度だ」と賛成に転じたわけです。

今でも、政府の最低賃金引上げ政策を批判した経済界の重鎮に圧力を加えて、反省文という名の自己批判書を提出させています。これは左翼の文化だ。

加藤 そうですね。まるで、革命組織です。

室谷 そのうえ、文在寅政権はこうした施策のほとんどを、国会を通さず行政権限でする。検察と公正取引委員会その他の行政権限さらには国民年金公団の株主権まで動員して、政権の言うことに従うよう圧力を加えて傷めつけるわけです。そして結果が出ると、政府は何もしていない、彼らが自主的にしたことだと言う。このやり口は、ナチスだ。つまり文在寅は「左翼のヒトラー」なのですよ。

最低賃金を16％超アップ

加藤　全体主義的で、笑えませんね。

室谷　本当に笑えない。韓国では２０１８年１月１日から、16％以上、最低賃金が上がります。そんなことしたら、みんな「玉突き賃上げ」になって、大インフレになってしまうのではないか、と普通の判断ができる人ならば考えますね。だけど文在寅政権は、「いや、最低の生活を送っている人たちの暮らしを高めることはいいことだ」となる。そして「あとでどうなるかは知らない」と。

加藤　そのニュースが韓国ではずっと流されていますね。聯合ニュースでは次のように報道されています。

〈韓国の２０１８年度（1～12月）の最低賃金が時給７５３０ウォン（現在のレートで

約７５０円）と、今年（６４７０ウォン）に比べ16・４％引き上げられる。引き上げ幅は過去最大の１０６０ウォン。労使と政府推薦者でつくる最低賃金委員会が15日の全体会議で議決した。（中略）

来年の最低賃金の時給を月給に換算すると１５７万３７７０ウォンとなる。これにより来年賃金が上がる労働者は約４６３万人と推定される。（中略）

文在寅（ムン・ジェイン）大統領は任期内に最低賃金を１万ウォンに引き上げるとの公約を掲げている〉（２０１７年7月16日）

しかし、当然ながら韓国にも今、労働生産性の低い人たち、さぼることしか考えていない人たちがたくさんいます。この人たちは最低賃金を上げたところで、真面目に働こうとは全く思わないでしょう。すると引き上げた賃金分、労働生産性が下がることは間違いないのですが、それを国が度外視して賃上げを行うという一種の徳政令みたいなものですね。この強引さが怖い。

室谷　さすがに政権も、やみくもに16％超の最賃引き上げは無理と判断したのでしょう。零細企業には補助金を与えることにした。その金額は18年だけで３兆ウォン。19年はさらに増えます。20年はもっと。こうした補助金は一度付けたら、もう切れませんから、国の予算で民間の人件費の補填を続けるわけです。彼らの論理では、それにより内需が振興され景気が良くなる。「革新成長」などと呼んでいますが、労働者の賃金の一部を国が払う、つまり「韓国型共産主義」の入り口ですね。

左翼全体主義になっている

室谷　今、韓国の国会は何も法案が通らない状態です。

加藤　「国会先進化法」と呼ばれる国会法の条項がありますからね。

室谷　〝後進化条項〟と呼んだ方がいいのかな（笑）。

委員会で６割の賛成がないと、本会議に議案を上程しないことになっている。旧朴槿恵グループが４割を持っているわけです。文在寅の与党は４割しかなく、その他が２割。法案を通したいと思っても、この条項があるために通らないわけですよ。だから、行政権限と圧力でやる。

例えば公正取引委員会の委員長が「財閥は自主的に改革案をまとめろ」「そうしないとサムスンの二の舞になる」というようなことを公然と言うわけです。

加藤　一種の脅しです。

室谷　完全な恫喝ですよ。もっと露骨に「現代自動車の会長は早く引退して、息子が改革案をまとめるべきだ」とまで言っている。これはもはや命令です。「守らなかったらどうなるか分かってるのか」というわけですから、絶対の命令ですよ。完全に左翼全体主義、ナチスの国です。

加藤　だいたい民間企業に介入しないですよね、普通は。

室谷　あの国は昔からやっていますが（笑）。

加藤　しかも社会的に発言力がないところから叩くから恐ろしい。例えば、韓国には親日協力者の子孫が持っている財産、土地を強制的に取り上げるという法律があります。でも、親日協力者はじつは弱者。経済的には恵まれていたとしても、社会的政治的には親日協力者の子孫は弱者なのです。あの国では何もモノが言えない。彼らに対して何をしても誰も反対しない、異議も唱えないわけです。

そういう人たちから叩き、しかも見せしめにする。歴史的な報復なんだと重罰を科す。これが韓国の典型的な仕組みです。

室谷　歴史的にそうですね。

加藤　これを繰り返しています。

室谷　文在寅政権では、左翼学生運動出身者が大統領府のスタッフ（秘書官）として、国家意思の決定権を事実上掌握しています。

加藤　秘書室長の任鍾晳《イム・ジョンソク》が中心になっていますね。

室谷　そこで決まった国家意思を実行する行政府の責任者（閣僚）には、「大学教授」などの肩書きを持ち、だいたいは人あたりが柔らかなブルジョア左翼が配されています。

政権ナンバー2に当たる秘書室長の下には、首席秘書官と秘書官を合わせて30人がいる。このうち秘書室長を含めて17人が過激な左翼学生運動の出身者です。大統領府全体では一級職（次官級）が63人もいるのですが、そのうち22人が左翼学生運動か過激な市民団体の出身者です。

最近知ったことですが、首相の秘書官も国家保安法違反で2回、刑務所に入っている。

加藤　そうなのですか。

室谷　この人物は出所後、盧武鉉政権下で、政府系の研究機関に入り身を潜めていました。おそらく行政官レベルには相当数の元活動家が採用されているのだと思います。元活動家は、職位とは関係なく、職場で実権を発揮するわけです。それに逆らう官僚、上役は「積幣《せきへい》の体現者」として飛ばす、というようなことが起こる。

盧武鉉政権下でも、全面的にはできなかったけれども、そういうことがありました。そのとき、のさばった左翼は李明博政権、朴槿恵政権で飛ばされたわけですが、それがみんな次から次へ復活しているという感じがします。

保守壊滅を企図

加藤　朴槿恵政権のときは、今の文在寅政権とそっくりそのまま構図は同じなのですが、例えば将棋の駒が替わっている感じがします。朴槿恵政権では、その駒が父親の朴正熙政権を支えた頃の若手、まず軍人、それから例えば公安検事、警察の大幹部など公安関係の人だった。特に検事が多かったですよね。

室谷　秘書室長、民情首席秘書官、首相、法相……みんな検事出身でしたね。

加藤　韓国の左派系メディアは当初、朴槿恵政権は公安統治になるのだと言っていました。父親の朴正熙時代と全く同じように政権運営をしようとしていると言っていたのですが、それはまんざら間違いでもなかったわけです。

しかし、朴槿恵政権は父親と同じようにしようとしたものの、今はある意味で民主化勢力が朴正熙時代とは違って数の面でも政治力の面でも相当数あるので、押し返されてしまったわけです。その反発によって吹き飛ばされてしまったというのが、朴槿恵政権の失敗の本質です。

文在寅政権も、国会内にいる4割の朴槿恵勢力がこの政権は左派全体主義だとキャンペーンを張って、政治力をグッと高めて反発するバネの力を強めたら、逆に吹き飛ばされてしまうかもしれません。

室谷　いや、それは当面あり得ない。文在寅政権はそうならないための策を着々と打っています。典型が先ほど話に出た高位公職者不正捜査処です。「保守壊滅」を企図しているのに、保守系は力がない。力がないのに分裂してしまう。保守野党の「正しい政党」がまた割れましたね。

それにしても、「正しい政党」なんて、よくそんな名前をつける（笑）。

加藤　韓国は「正義」と「正しい」が大好きですね（笑）。

室谷　昔、「民主正義党」という全斗煥政権の与党がありました。今は「正義党」という極左政党があり、それとは別に「正しい政党」もある（笑）。

加藤　スローガンに理想を求めるのはいいのですが、そういえば、北朝鮮の正式国名もおかしいですよね。「朝鮮民主主義人民共和国」というのを見ても、あの国は民主主義でもなければ、人民のための国でも、ましてや共和制の国でもない。

室谷　「人民」という言葉は中国、北朝鮮が使い、一昔前の日本の左翼が大好きな言葉でしたが、漢字本来の意味からすると「人」と「民」は違うものです。「人」は偉いけれども「民」は「その他大勢」という意味で使っていたのです。

国名で「人」と「民」が「共和」するといっていますが、偉い人と、その他大勢が「共に和する」という理想を掲げているのでしょうね。ところが、いつまでたっても、偉い人（党員）と下人（その他）は違うというのが、あの二つの国の実態だ（笑）。

加藤　なるほど「人民」ですでに嘘が入っていると（笑）。「人」は偉い人の意味なのですね。

室谷　そう。中国の古典で使っているのを見ると、人は偉いのです。

加藤　それは残念な国名ですね。とすると、「朝鮮民主主義人民共和国」は「朝鮮」と「国」以外は全部嘘になってしまいます。

朴槿恵を釈放しないために

室谷　今、文在寅政権で相当に韓国はおかしくなっていますが、逆に言えば、朴槿恵政権は何もしなかった。

加藤　そう、ほぼ何もしなかった。

室谷　朴槿恵大統領は崔順実国政介入事件などであのような状況に立たされていたわけですが、そこで「参りました」と手を上げたらどうなるか。韓国の常識で考えたら分かります。

加藤　それでも手を上げてしまいましたから。

室谷　もっと言えば、朴槿恵大統領には自分の政治はありませんでした。こんな何もしない政治を続けていたら、左翼に政権を取られてしまうということが分からなかったのか。

加藤　味方であるはずの朝鮮日報を攻撃したりもしましたね。

　朝鮮日報は２０１６年７月に、朴槿恵大統領の最側近だった禹柄宇《ウ・ビョンウ》民情首席秘書官が民間会社に家族名義の不動産取引で便宜を図ってもらった疑惑があるとスクープしました。その後、検察は禹の関係先の家宅捜索を行ったわけです。すると、大統領派の与党議員が、粉飾会計を行った大宇造船海洋が11年にメディア幹部を連れて豪華な欧州旅行をしていたことを暴露した。さらに、この幹部が朝鮮日報の宋熙永《ソン・ヒヨン》主筆だと実名を挙げ、主筆は即日、辞意を表明しました。

室谷　体制内の悪を剔抉《てっけつ》することは「大きな体制」を守ることになります。しかし朴槿恵は側近の悪を指摘された仕返しに朝鮮日報を攻撃した。「小さな側近体制」を守ることで「大きな体制」を潰してしまった。

ところで、朴槿恵を拘置所に入れているのに、文在寅政権で、政権ナンバー2の任鐘晳大統領秘書室長が特別記者会見をして旧悪を暴きましたね。会見をテレビ中継までさせて。

加藤　朴政権がセウォル号事故の報告時間を9時30分から10時に改竄したということです。

室谷　これは裁判所に朴槿恵の保釈を認めさせないためですね。わざわざ、政権ナンバー2が「10時ではなく9時30分でした」と特別記者会見までして言うことの異常さ。

加藤　ちょうど朴槿恵前大統領の一審の審理が終わりにかかっていた時期で、判決が出た時点で釈放になる可能性があった。その釈放の可否が論じられていたわけですが、その過程で朴槿恵前大統領はやはり釈放しないという判断を現政権が下したということでしょう。検察と裁判所に対するアピールで、国民に対する印象操作ですね。

室谷　加藤さんもやられましたけれども。

加藤　私のときも、政権に都合の悪いことをコントロールするキーマンは、大統領秘書室長でした。私のときは金淇春《キム・ギチュン》が秘書室長でした。

室谷　でも加藤さんのときに実際に指揮を執っていたのは禹柄宇だと思いますよ。

加藤　そうですか。司法や治安機関を担当する民情首席秘書官ですね。

室谷　金淇春はむしろ、ほとんど「はい、ＯＫ」型だったのではないかと思う。今はいろんな罪を着せられているけれども、彼が積極的にやったというのは、どうも考えにくいような気がする。

話を戻すと、大統領秘書室長というのは、政権ナンバー2ですから、それなりに器というものが必要でしょう。でも今の人は、学生運動で捕まって、その後、政党に入って事務総長を一応務めたけれども、いわば切った張っただけの世界に生きてきた人です。そういう経歴の人物が一国の全てを見渡して指揮できるのかといったら、できないでしょう。

加藤　日本を見ても民主党政権が似たようなものでしたが、やはり難しかった。韓国でも同じくできないでしょうね。

韓国内の世論的には「30分の違い」が、重大問題ということになっています。

室谷　ハンギョレ新聞が、「記者手帳　朴槿恵の〝改ざんされた30分〟、その意味は大変重大」（2017年10月13日）と題して、救助のゴールデンタイムを逃したのは重大問題だと書いていました。だけど、あの状況では、大統領が30分早く知っていたからといって、どうにかなったとは思えません。

大統領が30分早く「助けろ！」と言っていれば助かったわけではないから。

加藤　そうです。あの事件は、救助の現場と船の運航の安全責任者の杜撰さと責任感の欠如につきる。これが災いしてしまったわけで、大統領だとかの問題ではありません。倫理全体が崩壊していたわけで、モラルハザードの世界です。

文在寅が戦争を止めると思っている

加藤　文在寅政権の支持率は政権発足当初の80％台よりも下がったとはいえ、70％

（韓国ギャラップの2017年10月17～19日の世論調査）を維持し、11月の米韓首脳会談の後はまた80％（韓国社会世論研究所による17年11月10日、11日の調査）に戻りました。

室谷　支持率は高い。異様に高いという感じ。朝鮮日報はこの高支持率について、アンチ文在寅グループがそもそも回答を拒否しているのではないだろうかと書いていた。その傾向が強いのではないか、と。

加藤　なるほど、回答者の中で支持者の割合が圧倒的に高いから高支持率が出る。

室谷　それはある程度、あり得るかなとも思いますね。

朴槿恵も李明博も、就任後しばらくは異常に高い数値がやはり出ていましたが、そういうものはすぐに落ちた。文在寅政権はもう半年以上、高支持率ですから。

加藤　北朝鮮との対話政策や、米軍のTHAAD配備の先延ばしなど、文在寅大統領の公約の多くは、大統領就任後、うまくいっていないのに不思議な話ですよ。朝鮮半島問題も韓国だけが危機感を持っていない。

室谷　文在寅支持派は、文在寅が戦争を止めると思っているのでしょう。

加藤　文在寅の支持者が？

室谷　そう。支持者は文在寅がアメリカの暴走を許さない、と思っています。文在寅大統領は戦争にゴーサインを出さない。そうであれば、アメリカは当事国の意向を無視した戦争などできるはずがない、ということなのでしょう。

加藤　そうですね。北朝鮮の核保有や、北朝鮮による弾道ミサイル発射については韓国世論も反対していますが、「戦争にはならない」という認識です。

室谷　自分たちが戦争に巻き込まれる、戦場になるというようなことは全然考えていない。

加藤　まず一つは、やはり同胞が攻めてくるわけはないのだという考え方が根強いですよね。核攻撃なんて想定外。もう一つは、いろんな理屈を総動員して、北朝鮮も失うものが大きい状況の中で戦争など仕掛けられるわけがないんだと考えている。

さらに、もう一つは、そもそもどうにかなるしかないんだという発想。「ケンチャナヨ（大丈夫）」の精神ですよね。

室谷　私は少なくとも60年ぐらいは続いてきた左翼教育が大きいと思います。つまり北朝鮮は、共産陣営＝平和勢力なんだという信仰が、とりわけ若い層に行きわたっている。

そして三大紙の一つである中央日報は「安倍（晋三）がトランプを動かしている」

文在寅韓国大統領が戦争を止める？

と言うくらいのレベルだから（笑）。

加藤　やはり謀略（笑）。そして日本の左翼と同じ思考回路です。

室谷　そう（笑）。安倍がトランプをけしかけて戦争をさせようとしているという見立てです。安倍は世界の大統領だった（笑）。ともかく陰謀論が大好きな国ですよ。

必ず出てくる陰謀論

加藤　セウォル号事件のときにも大きな陰謀論がいくつか出てきました。そもそもあの船を運航していた会社を管理していたのが……。

室谷　国家情報院、昔のＫＣＩＡ

（韓国中央情報部）だというのですから（笑）。

加藤　それから、セウォル号はアメリカの原潜にぶつかったため、沈没したというものもありました。韓国ではそのような陰謀論をメディアが堂々を取り上げますね。

室谷　これはＪＴＢＣというケーブルテレビ局が、大特集を組みました。日本ではほとんど知られていないことですが、ＪＴＢＣとは中央日報の子会社です。その会長だった人物、いまは会長を降りたが、依然として「支配株主」である洪錫炫《ホン・ソクヒョン》は、文在寅の特別補佐官に任命されました。洪錫炫は李健熙《イ・ゴンヒ》サムスン財閥総帥の夫人の弟です。ＪＴＢＣのアンチ朴槿恵キャンペーンが朴槿恵政権を倒し、サムスン財閥の事実上のトップである李在鎔《イ・ジェヨン》サムスン電子副会長を逮捕させたとも言える。

私には、サムスン財閥乗っ取り工作が、朴槿恵政権倒壊の背後にあった、今もあるように思えてなりません。これぞ陰謀論かな（笑）。いや、米原潜の話でしたね。

加藤　それにしても、米原潜の方は途方もない話ですよね。

朴槿恵前大統領が逮捕された日に、引き揚げを終えたセウォル号が事故海域から輸送されて、ちょうど木浦の港に接岸されました。これも一種のショーアップされた現政権側の謀略です。そのとき、セウォル号の巨大な船体を見せつけるようにテレビで放送していましたが、船の腹の部分を捜査しても、潜水艦と激突したような損傷の跡はまるでないわけです。

室谷　しかし、テレビはその陰謀論を取り消さない。

狂牛病（牛海綿状脳症、ＢＳＥ）のときも、ＭＢＣの情報番組「ＰＤ手帳」が、韓国人は西洋人に比べて遺伝的に狂牛病にかかりやすいから、アメリカの牛肉を輸入するととんでもないという内容を放送した。科学と無縁の嘘を言ったわけですよ。それでこの問題に一気に火がついて、韓国内は大騒動になった。

加藤　この「ＰＤ手帳」問題では、結局、最高裁判所で無罪判決が出ましたが、一応、制作陣が在宅起訴されましたね。

室谷　でもセウォル号の時は全然、何も検証されなかった。

加藤　そう。大きな陰謀論には捜査は及ばなかったけれども、ちっちゃい嘘を言った人が、警察の調べを受けました。

室谷　民間ダイバーを名乗る女性が、沈没したセウォル号の中に「生存者がいる。声が聞こえた」「政府が救助活動を妨害している」などと証言したけれども、潜ってもいなかった。ダイバーではなかったのですね（笑）。

加藤　彼女は逮捕、起訴されましたが、無罪判決が出ました。
セウォル号に関連して、事故が起きてからかなり時間がたっているのに、船の中とLINEのやりとりができたというものもありました。そういう噂話が出てきて、私は当時、韓国にいたのでその取材をしました。あの時、珍島の体育館の中に被害者の家族がみんな集まっていたので、混乱して興奮していたけれども、聞いてみたらそんな事実はない。20〜30人ぐらいの人に聞きましたが、その場ではそんな話はまったくなかった。それ以外のところで、メディアに悪質な噂を流している人がいたということです。それがニュースになった。裏を取るとか、慎重になるとか、韓国にはそういう習慣がない。
そういえば、全員救助されたというニュースもありましたね。
室谷　たしか「現場から高校に連絡があった」と修学旅行のため多くの生徒が乗船していた檀園高校が発表したのでしたかね。
加藤　そのニュースが流れたのは事故発生直後、2014年4月16日のちょうどまだお昼前でした。
室谷　第一報の写真を見ると、まだ傾いているところで、転覆したのではなく、座礁したように見えました。私はあの写真を見た時、大丈夫だと思いました。傾いている最中に、救命胴衣を着て逃げれば助かったはずです。

加藤　にもかかわらず、船内に留まれと命じた船長は、やはり一番のワル。

室谷　そして自分はパンツ１枚で、真っ先に逃げた。

加藤　彼は、地裁で懲役36年、二審で無期懲役、最高裁が上告を棄却して確定しました。

室谷　朴槿恵大統領が「（船長らの行いは）殺人のような行為だ」と言ったもので、この裁判を巡っても迷走しました。何しろ大統領閣下のお言葉ですからね。

加藤　検察幹部は事故数日後に大統領の発言を受けたように、「これは不作為による殺人の適用をもって捜査する」などと言いましたし、私の件もそうでしたが法治よりも、情治なのです。

北朝鮮を理解するための３原則

加藤　北朝鮮の話に戻ると、先日、龍谷大学の李相哲教授が講演で、北朝鮮の行動、思考を理解するための３原則を挙げていました。

1　信じるものは力のみである。
2　人命価値は低い。
3　約束とは時間稼ぎである。
この三つです。全部自己都合でしょう？　北朝鮮にとってというよりも、金正恩にとっての自己都合ではないですか。

室谷　そうですね。

加藤　そして韓国でも、北と同じように権力者が信じるものは力だけです。それから二つ目の人命価値。これは政治生命も含めてですが、今、朴槿恵前大統領はもう虫けらのごとく扱われています。全人格を否定され、政治的抹殺状態です。

室谷　前政権与党は朴槿恵前大統領を除名しましたね。

加藤　李相哲教授が挙げた最後の一つである「約束」ですが、これも例えば日本との約束でも、韓国は北とまったく同じですよね。「約束」は時間稼ぎであったり、自分たちの状況が好転するのを待つための方便にすぎないわけです。

李教授は北朝鮮について3原則を挙げたわけですが、南に対しても共通するキーワードだなと、私は思っています。

室谷　同じだね。南北対話があった時代によく思ったのですが、なぜこんな部分で怒るのか、なぜここで合意するのかがさっぱり分からない。

加藤　ツボが分からないですね（笑）。

室谷　日本人の感覚では分からない。南北対話を見ていて、やっぱり自分は異民族だと思いました（笑）。先ほどは南北は違う民族ではないかと言いましたが、やはり大枠は同じ感覚だ。北と南は、さすが同じ民族なんだ、日本人には到底理解できないと思ったものです。

加藤　私が駐在中、統一省のことでも理解できないことがありました。統一省というのは、北朝鮮との統一問題など北関係を扱う政府機関です。当時、交渉本部を設けて、離散家族の再会をめぐる協議を行っていました。朝鮮戦争で南北に離ればなれになってしまった家族の再会の条件などを話し合うものです。でも、すごくつまらないことで交渉が途切れたり、ものすごく些細なことでまた好転したりして紆余曲折があったのです。そして期限の当日の真夜中の2時までかけて交渉し、これはもう合意は無理だということだったのに、早朝になってテレビをつけたら「電撃的妥結」となっていた。とても「電撃的妥結」が好きな人たちですよね。

室谷　電撃的、ゴールデンタイム、妄言、反射利益、名品……韓国メディアが大好きな言葉ですね。

加藤　そうやって離散家族はたまに会ったりしていましたが、そもそも交渉に入ること自体も含めて、全体が北朝鮮側のコントロールした交渉で、南に妥協させるための材料です。北は離散家族の再会事業といっても妥協する必要がありません。もらうものだけもらって、人を会わせればいい、資本はタダだという感覚ですからね。

室谷　だいたい離散家族自体が、お土産を持っていきますね。

だけど、離ればなれになったのは約70年前のことです。それ以来、会ったこともない人たちが、再会して本当に嬉しいものでしょうか。本人かどうかもわからないでしょう。

加藤　そうでしょうね。

室谷　朝鮮戦争が始まる前に物心がついていた人は、今、生きていたらいったいいくつなのか。でも、息子だといって60歳くらいの人が再会に出向くことになっている。韓国では息子は大切なのです。慰安婦問題でも息子が「権利」を受け継ぐということを言っているわけだから（笑）。

テロリストの世襲利権

加藤　徴用工問題の「権利」も同じく。言葉は悪いですが、ヤクザの因縁と同じですね。一度応じれば次々と債務が襲ってくる。韓国人側から言えば、債権が次々と世襲、相続されていく。

室谷　テロリストの子孫はいろんな利権があります。

加藤　国家に功績があった人という意味で、国家有功者制度ですね。首相府が認定します。伊藤博文を殺害した安重根の一族がそれを与えられている。ハンギョレに記者が次のように書いています。

〈国家報勲処の〝大韓民国独立有功人物録〟を見れば〝建国勲章大韓民国章〟という最高勲章を受けた安重根をはじめ、弟のジョングン・コングンなど安義士一族の人々11人が名簿に上がっている。特定一族の人々が独立運動に飛び込んだ事例はなくはないが、10人を越える有功者を輩出したのは安義士一族のみだ。安義士一族は全て合わせれば40人余りが独立運動に献身した〉（2010年3月26日）

産経新聞のソウル駐在客員論説委員である黒田勝弘さんもたびたび書いています

が、安重根の孫は渡米、曽孫はアメリカ在住。韓国語も話さない完全な米国人ですから安重根が歴史の立役者だったとか、韓国の民族のために功績を残したということをどこまで自覚しているのか。

室谷　でも、曽孫は韓国に招待され、はしゃいでいましたよ。

加藤　そうなのですか。まずい傾向ですね。

室谷　例えば、光州事件で怪我をしたり、死んだりした人間の家族は、みんな有功者になっています。セウォル号の遺族も、それらと同等の扱いになっている。この一番の問題点は、金じゃない。金をいくらもらうなど、それはそれでいいとして、例えば国家試験を受けたときに10％点数を加算されることになっている。「光州事件の遺族」だと、司法試験に抜群に通りやすくなる。それで韓国の司法界は左傾化したという話もあるくらいですから。

信じられないでしょうから（笑）、中央日報の記事を引いておきます。

〈国家有功者と光州（クァンジュ）民主化運動の有功者に対する就職優遇措置で、政府は、以前は筆記試験に限り満点の10％を加点してきたが、今後は面接など最終合格までの全ての試験で10％を加算することを決めた。

政府は2日閣僚会議を開き、このような内容の「国家有功者優遇および支援に関する法律」改正案と「光州民主有功者優遇に関する法律」改正案を議決した。

改正案は、有功者の就職活性化のため、彼らに対する採用実績が低い国家機関、地方自治体が技能職公務員や技能軍務員を新規採用する際、国家報勲処長の推薦を受け、特別採用させる条項も含まれる〉（2003年9月2日）

公務員試験で10％の加算なんていうのがあると、既得権として絶対に手放さなくなるよ（笑）。

加藤　それは手放さないでしょうね。

室谷　1932年に起こった上海爆弾テロ事件の尹奉吉《ユン・ボンギル》の子孫は、なんと電柱広告の利権を与えられていました。

今はネット時代で価値が落ちたけれども、電柱広告しか宣伝する場所がないという時代もあったわけです。それで1件、受け付けるたびに、いくばくかの金が入る。すごい利権なわけですよ。勇敢なテロリストには、そういう「いい利権」を与えるわけ。どうしようもないのは国鉄の無料券だとか（笑）。

加藤　珍しいシステムですよね。

室谷　民主主義の国に「世襲利権」なんてないでしょう。いや、民主主義の国ではないのだから当然か。

労組版の世襲利権

加藤　その民間版が現代自動車の労働組合ですよね。
室谷　そう、あれは酷い。
加藤　まず、例えば自分たちの子供は、必ず採用されなければならないということを会社側に突きつけるわけです。採用された際には、労働条件は年次によって自分たちと同じでなければならないと。昇給、待遇の向上、職場環境、こういうものが全部、与えられなければならないという「利権」で、それが世襲されるという。労組版の「世襲利権」を要求している。
室谷　日本の武士の家督相続制度みたいなものですよ。「わしは300石だったのだから、息子も300石だ」というような。
加藤　韓国でよく見られる、「こうでなければならない」という発想ですね。その発想やふるまい、待遇から、彼らは労働貴族と言われています。

室谷　これは有力な文在寅の支持基盤です。

日本人の誤解の一つは、「左翼は清貧である」という発想ですね。日本でも実は違うわけですが、韓国は全然違う、「清貧」ではない。

加藤　〝世襲利権〟で〝貴族〟ですからね。

室谷　労働組合はいろいろと理屈をつける。組合の総意として、採用人数の1割の推薦権を我々に与えよとかなんとか言って、それを売る。売るというのはつまり、金を持ってきた奴を採用してやるということです。組合の幹部がそれを懐に入れる。そんなこともあって組合の幹部人事が大騒ぎになる。どこが清貧か（笑）。

加藤　全部利権。それを恥ずかしいとか、いけないことだとは捉えないですね。当然の〝権利〟だとなる。奪い取った〝権利〟だから当然、使うべきなのだという発想です。

もっとひどいのは、そういう〝権利〟は与えられなければならないのに、おまえたちはなぜ与えないのだ？　と、こういう理屈がまかり通るという。

室谷　今、文在寅政権になって、韓国の労組はその部分がどんどん大きくなっています。もっと与えるべきだと。

加藤　経済もよくないのにどうするつもりかと普通なら考えますが。
室谷　それは自由主義社会の考え方だから（笑）。
加藤　自由主義社会ではありませんからね。
室谷　北に近づくからいいことなのです。
でも左翼の幹部層は、北の人民とは全く違う。清貧の逆、濁富太り《だくふぶと》しているプチブルたちだ。

労働者と北朝鮮のために

加藤　経済がよくならないから、韓国の若者は怒っています。
室谷　それが「ヘル・コリア（地獄の韓国）」ということで、「朴槿恵を倒せ」に繋がった。その部分のエネルギーが大きかったと思いますね。朴槿恵打倒にも若者の怒りが渦巻いた。
でも、あの国では失業が当たり前みたいなもので、昔からそうですが、職を失うことを重大に考えませんね。
加藤　ケセラセラ、ケンチャナヨという感じです。

室谷　苦労して就職はしたいのだけど、辞めることはなんとも思っていないという感じです。

加藤　「ヘル・コリア」の話が出たので、『ビッグデータから見える韓国』（白桃書房刊）という本にまとまっている、最近の韓国での意識調査結果を紹介したいと思います。「ヘル・コリア」というキーワードをネットで発信した若い人たちの精神的背景、「何をもってあなたはヘル朝鮮としましたか」など、認識を分析した結果があります。

一番多いのは社会構造上の不合理だということでした。つまりそもそも社会そのものが駄目だということでしょう。「何の生産性もない高齢者が優遇されて、すごく努力してスペックが高い自分たちが蔑《ないがし》ろにされている」というわけです。

次に政治不信、その次に学習や労働をすごく頑張っている、時間を割いて命がけでやっているにもかかわらず、大したリターンがないという矛盾。もう一つは、市民意識の欠如、日常的な不条理というのですが、これは社会でマナーや法規が守られないということでしょう。

室谷　だけど、社会的マナーで言えば韓国の若者は世界ワーストなのでは（笑）。

加藤　特に未成年者の公共空間における態度はひどい。それも含めてこういうものが全部嫌になってしまっている。でも意外なことに安全に対する脅威だとか、就職難というのは「ヘル・コリア」の背景としてはあまり高くない。

つまり、我々からすれば、韓国は就職難で大変で、それが「ヘル・コリア」の実像でしょう？　と思いますが、室谷さんがまさに指摘された通り、就職は別にどうでもいいのだということがわかる。放って置いても親が食べさせてくれるし、ただそれを嘆いていればいいと、そういうことだと思います。

室谷　ただ、おそらくその分析は当初の話でしょう？

加藤　２０１５年の春頃、「ヘル・コリア」という言葉が出現するのですが、それからその年の９月頃にかけての話です。

室谷　だんだん事態が動いて変わってきているかもしれませんね。なぜなら若い人の話を聞くと、だいたい金がないということから始まる。

加藤　金がないですか？

室谷　だから、カップラーメンを食べて焼酎しか飲めないと言っている。

そうした中で韓国で「公務員志望」の熱気がますます高まっています。でもそれは国を牽引するというような大志を抱いて上級職試験を受けるのではありません。「一生楽して暮らせるから」と、若者が９級職（公務員の最低職位）の試験合格を懸命に目指す。これは「亡国への光景」ですよ。

文在寅政権は「労働者と北朝鮮のための政権」ですが、「北朝鮮のため」は、安保主権を中国に委ねるようなコウモリ外交に象徴されるとおり着々と進んでいるものの、「労働者のため」は、有効求人倍率が２０１７年８月の０・６８から９月には０・６２に落ちるなど思うに任せないわけです。それでソウル大学を卒業した若者まで９級職を目指す。16年の倍率は50倍以上でした。地方で一人か二人の補充募集があると倍率が１０００倍。

北を「忖度」する国

室谷　ところで、韓国には北とつながっている人がたくさんいると思います。でも、彼らも公然と連絡を取れるわけではない。

加藤　おそらく北の動向を「忖度」しているのだと思います。

忖度するためには、前提となる知識や情報がいる。先を読むわけだから、北の考え方を北以上にわかってなければいけない。おそらく北はこういうときはこのようにするというような思考パターンが身についている感じです。完全に北の工作員化されているわけです。

金大中が大統領になったとき、北朝鮮の情勢分析を担当していた韓国情報機関の幹部は、「金大中政権の誕生を、北朝鮮は対南工作史上における最大の成功だと喜んでいるに違いない」と言っていました。大統領が北朝鮮の意を汲んで政治を行ってくれるわけだから、これほどありがたいことはない。

室谷　李石基という韓国の国会議員だった男は、北が攻めてきたときには呼応して支援に出る計画をした。発電所を壊すなどの計画です。

加藤　私がソウル在勤時代に、李は内乱扇動罪などで起訴され、その後懲役9年が確定しました。もともと彼は、北朝鮮の革命路線を積極的に受け入れるという統一革命党で、従北派の流れです。

室谷　でも、この人は過去2回も公安事犯として捕まっている。2回とも恩赦で釈放されています。公安事案は2回目は恩赦の対象にならないというのが前例だったけれども、対象になったわけです。それは文在寅が盧武鉉大統領の秘書室長の頃です。最初の恩赦は、文在寅が司法分野を取り仕切る民情首席秘書官の時でした。

加藤　露骨な従北措置ですね。

室谷　この人間を文在寅は2回も恩赦した。本人は「俺は知らない」と言っているようですが、知らないはずはない。前例を破るのは官僚組織にとっては大変なことであるわけですからね。

思うに文在寅の心の中は、李石基とほとんど同じなのですよ。捕まってしまってかわいそうに、俺みたいに本音を表に出さなければよかったのに、とそういうことでしょう。本音で頑張って捕まってしまったから出してやろうと。

加藤　しかも先ほど話に出ましたが、この李石基は、2度目に釈放された後、社会的に成功を成し遂げて統合進歩党の国会議員になりました。国会議員になってから、RO事件（Revolution Organization＝革命組織）に絡んだ。従北の革命組織をつくったという容疑でした。

彼を逮捕したとき、私は向こうに駐在していました。議員会館に検察が入って行こうとすると、支援者がたくさん出てきてそれを封鎖する。最終的に、それは機動隊員に排除されたのですが、国民情緒を優先する国なので、妨害されても、最初からむげに機動隊を投入できない。それが劇場化してしまうと、この李石基がかわいそうだという世論がバーッと広がって、手が付けられなくなってしまうのがあの国だからです。朴槿恵政権は当時、安保の筋を通し、法治の原則を守らなければいけないときちんと説明して非常に評価された。まだ朴槿恵に勢いがあったので、さすがだと言われましたね。

室谷　考えてみれば、朴槿恵が成果を出したのは、あれくらいかな。

公務員がロウソクデモ隊に

加藤　もう一つありますよ。韓国の国鉄経営の正常化に手を突っ込みました。ＫＴＸという韓国版の新幹線はドル箱路線なので、それを労組が丸ごと自分たちのものとして私物化していたわけです。ＫＴＸを抱える韓国の国鉄労組は増長し、どんどん不正腐敗の塊になって、全く経営の正常化を受け付けなくなってしまっていた。

そこで第2路線、ＳＲＴという高速鉄道をつくるときに、朴槿恵政権は新しい会社を設立して運営すると言い出しました。韓国の国鉄労組にとってみれば、いまある路線に競合するものができてしまうので、自分たちの収益が下がる可能性がある。似たような組織を改めてつくられると、自分たちは骨抜き化されかねない。それで国鉄労組がものすごく怒り出しましたね。

産経新聞のソウル支局は、なんと非常に強硬な労働組合である民主労総（全国民主労働組合総連盟）の本丸の建物に入居していました。その民主労総の本丸に、怒った労組の人たちが立て籠もってしまって、それを警官隊が取り囲んで突入するまでにかなりの時間がかかっていました。なぜかと言えば、やはりこれもむげに突入して排除し、取り締まると、国民の目にどう映るかで、流れが変わってしまうからです。ものすごくグタグタとやっていましたね。

室谷　しかし、文在寅政権ができると、ＳＲＴはＫＴＸに合併させることになってしまった。

加藤　経営統合ですね。わざわざ正常化しようとしたのに、それを文在寅はどんどん戻してくる。労組を「忖度」しています。労組の要求を丸呑みしないと、自分の支持勢力にそっぽを向かれますから。

室谷　文在寅は選挙公約の中で、公務員労組の政治活動を認めると言っている。

加藤　もう一つ、全教組（全国教職員労働組合）の非合法組織指定を解除するとも言っていました。

室谷　これらはまだ全然動いてない。これをやれば、つまりは公務員も教員も、いつでもロウソクデモ隊になるということですよ。

加藤　下手をすると、警察にも労働組合ができてしまうのではとも思います。

室谷　やっぱり、亡びつつある国です。

文政権は17年のクリスマスか18年の旧正月に公安事犯を主対象に特赦をすると伝えられています。彼らは朴槿恵政権のときに放火を含む過激なデモをするなどして捕まった「超過激なプロ市民」です。出所したら、今度はどこと闘うのでしょう。おそらく、保守派壊滅政策に加担するでしょうが、文在寅政権がそれ以上に期待するのは〝左翼バネ〟の役割でしょう。米国の圧力に屈する状況になると、彼らが過激な反対デモをする。政権は「この通り、国内の反対意見が強くて……」と、言いわけの材料にする。過激なプロ市民への恩赦は、政権にとって〝自作自演の弁解の辞〟を手にすることです。

第４章

論理が通用しない国

危機は朝鮮半島からやってくる

加藤　米ワシントンのアジア関連のニュースや情報を提供する日報「ネルソン・リポート」は２０１７（平成29）年10月21日、複数の米政府高官が、米軍による北朝鮮への軍事行動の可能性を深刻にとらえるべきだと警告し、「韓国からの個人資産の移動」を勧めていると伝えたということでした。この情報の真偽は不明ですが、このような情報が流れるだけで信用不安になります。

室谷　「ネルソン・リポート」は会員制の情報誌らしいですね。ともかく、そういう警告があること自体、韓国人はドッキリでしょう。

加藤　韓国の場合はとにかく外資、外需頼みです。ですから、私が滞在していたころから、青瓦台も外資を招き入れることには非常に熱心。そして入ってきた金融資産が流出することに、ものすごく神経質になっていました。

室谷　そうでしょうね。アメリカが利上げをする度に、キャピタルフライトが起きるのではないかと、韓国紙は報道しています。

朝鮮日報（17年10月23日）は、次のような大学教授の発言を伝えています。

〈資金流出を懸念し、（韓国も）金利を引き上げた場合、韓国企業がさらに苦境に直面

し、韓国経済全体が悪化しかねず、さらに資金流出が加速する可能性もある〉

経済学の教授も、どうしたらいいのか分からないということですね。

加藤 金融資産の引き揚げについて思い出されるのは、97年夏から始まったアジア通貨危機です。それが連鎖的に広がって11月には韓国経済の崩壊が現実の脅威となった。その後「IMFショック」に至りました。韓国は通貨危機に陥り、IMF（国際通貨基金）に資金支援してもらった。IMFは210億ドルの融資、それ以外にも世界銀行やアジア開発銀行から支援を受けた。

経済は滅茶苦茶になりましたし、財閥もおおかた整理、統合されて、一業種一財閥になりました。

室谷 あくまで原則、ですね。

加藤 そう、原則です（笑）。当然ながら韓国はIMFの管理下に置かれ、財政再建や企業のガバナンスの透明化、金融機関の構造改革などを迫られました。

あのときは通貨危機に端を発していて、今回は安全保障上の危機ですから、全然背景は違いますが、危機は朝鮮半島からやってくるのです。

グリーンスパンがボロクソに書いた理由

加藤　話を戻しますと、ＦＲＢ（米連邦準備制度理事会）の議長だったアラン・グリーンスパンが回顧録（『波乱の時代』上）に興味深いことを書いています。ＦＲＢはこの危機にＩＭＦのアドバイザーの立場で関与していましたが、回顧録をじっくり読むと、その当時の韓国のことをボロクソに書いているのです（笑）。

例えば、韓国の中央銀行である韓国銀行は当時、２５０億ドルの外貨準備を保有していると主張していましたから、アジア通貨危機の影響をはねのけるのに十分な金融体力があると考えられていました。ところが、日本銀行から「ダムが決壊しかかっている」との情報を得た。念のための確認にＦＲＢのチャールズ・シーグマン国際経済専門家が、韓銀幹部に問い合わせをしたというのです。

シーグマンが「なぜ、外貨準備を使わないのだ」と尋ねた。するとどうも色良い返事をしない。再三念押しを繰り返したら、「（危機回避に外貨準備を当てないのは）残っていないからだ」と言ったという（笑）。

「『ない』って、どういうことなんだ？」と、誰もが思いますね。グリーンスパンによると韓銀は外準を「流用していた」という。保有するドルのほとんどを、国内の銀行に売るか貸し出すかしていて、市中銀行はこの資金で不良債権を買い支えていたというのです。つまり、「外準は250億ドルある」と内外に経済の堅調ぶりを強弁して、投資や貿易拡大を呼びかけていたのに、その信用の根拠である外準の使い道はすでに、決まっていたのです。

結局、当時の米ルービン財務長官以下タスクフォースの働きなどで、IMFは550億ドルという過去最大の支援計画をまとめ、韓国は救われる。グリーンスパンは「衝撃的だった」と上品に振り返っていますが、内心とんでもない国だと怒り心頭だったのではないでしょうか。

それからは、アメリカは直接、ドルのスワップをしなくなってしまった。アメリカの金融からは、見放されて久しいわけです。見放された歴史の20年ですから、ひょっとしたらすでにそれなりに独自の体制がある程度はあるのかもしれないし、ごまかしながらやっていくのでしょう。

でも普通に考えたら有事の際には国家経済が崩壊する可能性がありますね。

室谷　外貨準備高は17年10月末現在、3844億6000万ドルあると、韓国の中央銀行は発表しています。ところが、毎月の発表を見ていくと、そのうち金（ゴールド）

が何億ドルと書いてあるのですが、ここ4年以上、その額がまったく変わっていないのです。でも、金相場は変動しています。つまり、韓国の外貨準備高とは、債券や金を買ったときの簿価で付けているという疑いを持つ根拠です。

そうだとすると、リーマンショックのときに完全に潰れてしまったような資産、おかしな債券類も、おそらく買ったときの簿価のままだ。それらを積み上げた数字が公表される外貨準備高だと見なければなりません。だから、本当に使えるのは、600億ドルぐらいだという話も出てくるわけです。

端的に言うと、韓国の統計は、みんな信用できないのですが、外貨準備高はその代表格です。

日本人とその話をすると不愉快になる

加藤　韓国がＩＭＦ管理下に置かれたとき、日本は韓国に100億ドルの支援を計画しましたね。その件で韓国駐在時にこんな話がありました。

韓国の企画財政省には「そのときの話はもうしたくない」という人が多い。だから「ああ、つらい記憶なんだな」と思っていたら、そうではなくて、「日本人とその話をすると不愉快になる」と言うのです（笑）。なぜなら、日本の銀行は最初に韓国から民間資金を引き揚げたと言うわけです。それが韓国の金融危機が最悪の状態になる引き金を引いた、日本がＩＭＦショックの引き金を引いたと言い張っていたのです。

ところが、日本に帰ってきてから、当時の東京銀行（現三菱東京ＵＦＪ銀行）の方や日本の財務省の方にそのときの話を聞いたりすると、全然違う。当時、日本は韓国と取り引きの額、質ともに相当に関係が深かったので、一番、返り血を浴びる。だから韓国側の財務状況、金融体力を真剣に分析し、最後まで向き合って頑張ったのだというわけです。踏みとどまって、踏みとどまって、財務省も韓国が首をくくらなくても済むように懸命に働きかけをして、なんとかしたいと頑張ったという。

韓国はしかし日本に対してこれまた「恨（ハン）」の感情を持っていたのです。

室谷　「日本がＩＭＦ危機の引き金を」と言うのは、当時の韓国の財務省幹部の責任逃れ発言です。好ましからざることは、すべて「誰かのせい」にする国民性です。そのうえに「反日」なら常に正しい国です。誰も異論を唱えない〝責任逃れの弁〟だったわけです。

それがパッと広がり語り継がれ、韓国国内だけで通じる絶対的事実になる。よくあるパターンです。「百済が日本を建国した」も「幼い少女が強制連行され慰安婦にされ虐殺された」も、その範疇です。

この「日本がIMF危機の引き金を」という〝責任逃れの弁〟は、日本の金融当局、銀行幹部に恨みを貯め込ませましたね。

加藤　もう一つ、彼らはIMF管理下に置かれたことが、民族としての経済的尊厳をズタボロにしたのだという言い方をします。つまり漢江の奇跡で、韓国は1960年代から経済大国に向けて邁進してきたわけです。その近代化によって築かれた誇りというものも、あれによって、もうズタボロになっちゃったんだと。

室谷　プライドが傷ついたと（笑）。でも、70年代、80年代の韓国は、IMFから金を借りていたのですよ。そのときは、「IMF危機」とか「IMFショック」とは言わず、「IMFまで、わが国を信頼して、金を貸してくれるようになった」と自慢していた（笑）。

加藤　そうです、そうです、そういう発想はあります（笑）。

彼らは「ツートラック」という理屈をよく言いますよね。経済と歴史認識問題は別で「ツートラック」だというわけです。そう言って、だから日本から金を引き出せるのだという。それで金を借りたあとどうなるかというと、まず、日本に感謝するのではなく、「日本はやはり韓国を投資先として無視できないのだ」と言うのですね。さらに、一部の人を除き、「自分たちは日本という経済大国を財布として利用するだけの賢い民族なんだ」と言う。こういう発想、論法です。

だから金を借りてありがたいとか、もっと信頼関係を増大させようとか、そういう発想はまったくありません。

自己満足のために基準をずらす

室谷 もう一つ、基準をずらしていく論法、発想というのもありますね。

少し前に造船危機がありましたけど、あのとき韓国の国策銀行である産業銀行、輸出入銀行はＢＩＳ基準（銀行の自己資本比率に関する国際基準）をクリアできない状態に落ち込んだのです。ところが、大宇造船海洋はちゃんと借金を返している、元利の支払いをしているから正常債権であると言い張った。

返済元利を上回る融資をしているのだから返せるのは当たり前なのですが、それをもって正常債権であるから貸倒引当金を積む必要はないと、そういう論法をつくったわけです。したがって、「わが銀行は大丈夫だ」と。すると市中銀行や農協も、メインバンクである国策銀行がそう言うなら、自分たちも正常債権として扱い、引当金は積まないとなった。

韓国人は、そのへんの論法というか、屁理屈というか、それを考え出す能力、いや〝欺術力〟がすごく優れていると思いますよ。

話が少しずれますが、最近のおもしろい例は、幸福指数について韓国紙が書いていたことです。幸福指数はヨーロッパでよく算出されますが、韓国は低いわけです。そこで、幸福指数が高い国を見ると、花（フラワー）の消費量がすごく高いが、わが国はすごく低い、という。韓国は、所得は伸びているけれども、花の購入量が減っている数少ない国なのです。そこまではいいとして、「だから我々は花をもっと買うべきだ」と言うのですよ（笑）。

花を買うと幸せになるの？　と聞きたくなりますが、つまりは発想が違うというか、前向きというか、素晴らしいというか。

それから老人貧困指数。これも基準を変えようと言うわけです。いまの基準だと、世界有数の老人貧困率になる。それはまずいから、算定基準を変えようというわけです。貧困をなくすために努力するのではなくて、基準を変えることで貧困率を変えようというのは、日本にはなかなかない発想だと思います。

わが民族は素晴らしい

加藤　韓国は自国を世界の中で序列化するときに、そもそも圏外なのを無理矢理、例えば10位以内にするために新しいものさしをつくることが多いですね（笑）。

例えば「10大ロケット大国」みたいな言い方をする。でもそれは日本の常識であれば、日本製のロケットというのは日本人の技術者が造って、中の部品も自前であるということが前提で、言いますよね。それで初めて日本もロケットを打ち上げる国になったのだなとなるわけです。

ところが、韓国の場合は完全に自前というのが、どうもできないわけです。例えばロシアのロケットの上に韓国のロケットをつけるとか、中核的な技術や部品について、アメリカのものやヨーロッパのものを持ってきている。だから日本の基準で言ったら、国産ロケットを打ち上げたことにならないわけです。

それでも韓国型ロケット、自国型ロケットを打ち上げることができる世界の10大国家に入ったのだと、こう言うわけですね。

そんな無理矢理な基準をつくらなくてもいいじゃないかと、私たちの常識からすれば思うわけです。ものさしを新たにつくって、無理やりそこに当て嵌める。

室谷　ゴールを動かすだけでなく、基準も都合次第で変えるし、軸もずらす。

加藤　ずらします。韓国の人口も、確か2012年6月に、韓国統計庁の推計値で5000万人を突破したということになったかと思います。でもなぜ突破したかというと、労働移民がいっぱい入ってきたからです。

室谷　それで人口が増えたとはしゃぐ一方で、外国人労働者を徹底的に差別している。

加藤　もちろん日本でも、日本国籍を持った人だけを数えるわけではないし、国勢調査の対象になった人が「人口」です。

でも、韓国は5000万人突破した、突破したと喜ぶわけです。その基準がずれている。私は12年に、「5000万人を突破した」と記事に書いたのですが、調べてみると数年前に行政自治省のとりまとめとして「5000万人突破」という政府の公式発表が出ていた。いったいどちらが本当なのですか、と。記事を書いておいて自分で困惑しました。
つまりはいくつかの基準が同時に存在するからそういうことが起こる。ややこしくて仕方がない。
室谷　韓国の住民登録ベースでは、100歳以上の独居老人が500人くらいいたと思います。それればかりか150歳の人がいたりもする。これは絶対に世界一の長寿者だ。実は遺族が老人年金をせしめるためでしょうか、抹消していないわけです。だから人口統計も信じるに値しないのです。
加藤　なるほど。
室谷　さっきも話に出たけど、意図的にさり気ない嘘を、まず織り込むのが上手いですよね。国民を誤って導く書き方が多い。例えば「わが国は経済規模で世界の10位圏である」と書く。「10位圏内」とは言わないで「10位圏」。
加藤　確かに「10位圏」と書きますね。
室谷　そうすると、「10位以内」だと日本人は思う。普通は韓国人でもそう思うでしょう。でも韓国の新聞が書いているのは「10番代」だということなのです。つまり「11位から19位まで」という意味で使うわけです。

加藤　そうそう（笑）。

基準をつくれば大記事になる！

室谷　ともかく自分の国は素晴らしいですと、一所懸命、右翼の新聞も左翼の新聞も書く。そこについては左右関係なく、わが民族の偉大さ、わが国民の優秀さについて何とか頑張って書きますね。

そして、ともかくランキングが好きです。

韓国の新聞は「ランキング新聞」と言っていいぐらいで、毎日のように、何らかのランキングが載る。韓国は何位だと書いて、その後に必ず日本は何位というのがつく。どうでもいいじゃないのと思うけど好きですよね。

加藤　ありますね。

室谷　日本に大差を付けられたときは、書かない（笑）。

加藤　先にも述べましたが、韓国にも「報道しない自由」があります。

室谷　大いにありますね。「報道しない自由」だけでなく、政府が「あの記者会見での発言はなかったことにするから報道してはならない」とやることも。「国境なき記者団」とか名乗る組織が発表する「報道の自由度、各国ランキング」では、ここ数年、韓国が日本より上になっています。あの組織はどこを見ているのか、韓国から金でも貰っているのか。

加藤 室谷さんが指摘されたように、日本にそもそも挑むこと自体、間抜けに思われるような、レベルが開きすぎてしまっていることについては、韓国の新聞はまったく報道しない。ああ、またかと思うのですけれども。

ところで、韓国で「20‐50クラブ」という言葉が急に流行したことがあります。先ほども触れましたが、2012年6月中に5000万人に達する見通しだと伝えられたころの話です。人口5000万人を50M、1人当たりの国内総生産を2万ドルで20Kとして、それで「20‐50」。

ずっと、これについて私は不思議に思っていました。

室谷 それは朝鮮日報が「20‐50」の大キャンペーンを張ったのです。

加藤 ああ、それで「20‐50クラブ」という言葉が出たのですね。人口5000万人以上で、1人当たりの国内総生産が2万ドルを超えた国がこのクラブに入る。韓国は世界で7番目だという。だから韓国内ではGDPで日本を越えることも夢ではないという声がある。そして、6月23日に「20－50」に正式クラブ入りすると書いてあるのですが、そういうクラブがあるのかと思ったら、ないわけです（笑）。私は一所懸命に探したのですが、ないわけですよ。

室谷　わはは（笑）。

加藤　最初、OECDなどでは「20－50クラブ」みたいなものがあるのかなと思って探したのです。韓国の企画財政省の人などにも聞いてみました。でも、皆さん、困惑するわけです。だから「ないのですか？　では、この基準は、韓国の公的機関が、ずっと昔から定めていて、その目標をクリアするために皆さん、着々とがんばってきたということですか？」とこういう聞き方をしたら、「いやぁ、それは最近できた基準だ」と言う（笑）。

室谷　あれはつまり、朝鮮日報のある記者が気づいたというわけです。「そうだ！　この基準をつくれば、大記事になる」と（笑）。それでものすごいキャンペーン記事を書いた。これについては『悪韓論』（新潮新書）の中に書いています。

加藤　そうですか！　私はすごく疑問に思って、いったい何のためにこんなことをするのか、そもそも動機が不明だし、困りました（笑）。

室谷　動機は「大記事になる」と「わが国はすごい」です（笑）。自画自賛のための基準づくりです。韓国のマスコミというか、韓国人は恥じらいもなく自画自賛をしますが、それが後々、自縄自縛のネタになることが少なくない。

加藤　こういうことは枚挙に遑がないですね。こういうものを見るたびに、外国人の記者は困惑するわけです。「はて？」と。

北の方が正しいという風潮

室谷　そして韓国では読者もリテラシーがない。

加藤　そうですよね。

これは日本も戒めをもって見なければいけないと思いますが、そもそも常識の軸がなくなってきているから、韓国の人は噂話を信じてしまう。

例えばこういうことがありました。1987年11月に大韓航空機爆破事件がありましたね。後に、実行犯の金賢姫《キム・ヒョンヒ》の日本人化教育係であった李恩恵《リ・ウネ》という人が、田口八重子さんだろうということがわかった、あの事件です。これを調べたのは、韓国の情報機関である国家安全企画部です。韓国の情報機関が調べて、間違いないと起訴もされて、ちゃんと裁判にもなった。ところが、2005年の初め以降ですが、私が留学で韓国に滞在していたころ、メディアの人々が大真面目に大韓航空機爆破事件というのは韓国の情報機関の謀略だったという説を取り上げ始めた。大真面目に「検証だ！」とやっているわけです。

するとと韓国人は「やっぱりそうだったのか。マスコミの人々がこんなことを言うからには間違いないのだろう。やっぱり自分が親父から言われていた真実、友だちが言っていたことは本当だったのだ」というふうになる。検証する行為自体で「やっぱり嘘だったのだ！」ということになってしまうわけですね。

そのうち、報道が何本かポンポンと出て、ラジオ番組でも、ニュースなどで流すようになった。すると春には、「大韓航空機爆破事件というのは、やっぱり韓国側の謀略だったのだ」ということを当たり前のように言う人が普通に出てきたという。

室谷　長年にわたる全教組の従北教育の結果、韓国社会全般に「何となく北が言うことの方が正しいのだ」と思ってしまう社会的雰囲気がある。そこを従北派マスコミが利用する構図ですね。

加藤　大韓航空機爆破事件は韓国側の謀略だという主張には「いや、いくらなんでもそれは……」と言う人もいますよ。いくらなんでも検証能力がなさすぎるとたしなめる人もいるにはいますが、特に20代の中ごろで、兵役に行って帰ってきたくらいの大学生の男子などは、普通に「あれはテレビ報道が言っていたから間違いない」などと言っていました。

私は日本に留学経験もある常識的な韓国人記者から、こう聞かれたことがあります。「新聞記者の方は本当のことを知っているでしょ。あなたはどう思います？」と。だから「いや、私はその事件について、日本の捜査当局に取材もしたことがある。間違いなく北の犯行でしょう。韓国の調べではありませんか」と言ったら、「見方が甘いな」とか「日本の新聞記者はその程度か」と言われました（笑）。

加藤　とにかく好きですね。

室谷　さっきも話したけど、陰謀論が好きだからね。

「真実」は関心事ではない

室谷　おもしろい陰謀説を信じることができる国なのです。「真実は何か」は、韓国人の関心事ではない。

２０１３年に韓国のアシアナ航空機が米サンフランシスコ空港で着陸に失敗する事故を起こしました。この対応戦術はすごかったですよ。延世大学の交渉学教授を経て、コンサルティング会社を経営する人物が、朝鮮日報（２０１３年7月15日）に「ＮＴＳＢ（米国家運輸安全委員会）の〝操縦士過失〟論にやられないための5つの啓明」という文章を寄稿していました。そこには「事故原因の究明を」といった視点はどこにもないのです。「韓国人パイロットの操縦ミス」という結論を阻止するため、政府とマスコミ、航空機会社を挙げて対米世論工作を全力で推進しようという主張でした。

加藤　「あるある」ですよ。

室谷　「韓国人パイロットの操縦ミス」だったことが正しいと頭の隅で考えている人も、外には「ボーイングの機体システムの欠陥や、米国人による管制ミスを隠すため、韓国人パイロットが生贄《いけにえ》にされようとしている」と表明する。それが韓国では「正しく愛国的な言動」です。韓国人の脳裏には、「韓国人は常に被害者」という〝刷り込み〟が幼稚園時代からなされている。だから被害者ファンタジーは自然に思い浮かぶのですよ。

加藤　そう思います。だから私が起訴された一つの理由に、外国の記者が取り上げた「噂」が真実だと受け止められて広まり、定着してしまうのは困るというのがあった。「陰謀論」でも「噂」でもすぐに固定してしまう国です。真実が何かは関係ない。だから対応しなければならないという焦りも政権側や検察庁にあったのだと思います。

でもそれでむしろ話が大ごとになってしまったものだから、まったくの逆効果になってしまいましたけれども。

室谷　真実であっても都合が悪ければ「妄言だ」で片付けますよね（笑）。慰安婦問題はまさにそれです。「本当は戦時の売春婦だったのでは」という「真実は何なのか」を求める議論には「妄言だ」の大合唱をする。その一方で「実は性奴隷だった」「連行された20万人の6割以上は惨殺された」と、次々にデマを膨らませて世界に広めています。

長がつけば産経の支局長でもOK

室谷　本当に韓国人とは不思議な存在だと思ったことがあります。韓国の50歳くらいの人からこういうことを聞かれたときです。

とうとう巨大慰安婦像が登場。「真実」は関心事ではない

「私は宗教を持たなければならない。それで仏教がいいか、キリスト教がいいか、どっちにしようか悩んでいる。あなた、どう思いますか」と。

日本人にそんな相談をしていったいどうするのかと思いましたね。仏教とキリスト教は全然違うし、なぜそんなことを日本人に聞くのかさっぱりわからない。最初はからかっているのかと思ったのですが、違うのですよ。

加藤 変に真面目ですね。

私も知り合いになった花屋さんをやっている人から相談を持ちかけられたことがあります（笑）。あるときこの人から電話があって「今度、友人が本を出すのだけど、そのタイトルを三つ、今、出版社と相談している。どのタイトルがいいか、あなた、決めてくれないか」と言われたことがありました。

だから「それで売れなかったら、私の責任にするつもりだろう」と聞いたのです。そうしたら、「いや、いや、そんなことない」という。

産経の黒田勝弘元支局長（現産経新聞ソウル駐在客員論説委員）の説では、これは権威付けだということでした。どこかで日本人のことをやはり……。

室谷 心の中では日本人に劣等感がある（笑）。

加藤　そうです。日本という国や政治体制は冷酷非道でとんでもないと言いますし、「日本は右傾化している」と言うのですが、自分の目の前にいる日本人は、そこそこすぐれた国から来ている、先端のものの考え方をしている人だと考えるわけですね。だからその人に友人の著書のタイトルを決めてもらうというわけなのだと思います。

室谷　しかも新聞記者だときている。

加藤　そうなのです。ただのサラリーマンではダメなのです。新聞記者で、しかもそれはどこの社かわからないけど「支局長である」と。それが産経だろうと朝日だろうと共同通信だろうと関係ない。日本の確たるメディアの「支局長」に決めてもらったということが重要。

室谷　そうすると誰かに「決めてくれた人は、いったい誰だ？」と聞かれたときにいいのですよ。

○○○さんの紹介です

加藤　結局、私はタイトルを決めなかったのですが（笑）、今度はその花屋さんは自分が開く勉強会や会合に必ず私を連れ出すわけです。一緒に行くと「ああ、この方が産経新聞の支局長さんですか」と言われる。まだ例の事件が起きる前です。

会合の出席者は「いやぁ、今日はお目にかかれて良かった」と言って、満足げに帰っていく。だから、私はいったい何のためにここに呼ばれたのかなと思って、これまた黒田さんに聞いた。すると「それは箔付けに利用されている」と（笑）。とにかく日本人で「長」の付く人間ならなんでもいいのだと、そういうことだそうですね。

室谷 そういう会合やパーティーで名刺交換をすると、その人からの紹介ということで、またいろんな人がやって来る（笑）。韓国にいたときに、女性アシスタントを一人、雇おうと思って、新聞に小さな広告を出したことがあります。そうしたら、次から次に応募者が現れて「〇〇〇さんの紹介です」と言う。「そうですか、でも試験をしますよ」ともちろんこちらも言います。すると、「いえ、〇〇〇さんが自分の名前を出せば、必ず入れてくれると言った」と。でも、その〇〇〇さんが、誰なのか私にはまったく分からない（笑）。

加藤 「あるある」ですね（笑）。

私の場合はある人の紹介で、「国家を揺るがすような大きな情報を自分は持っている」「文化史上の大発見だ」という人が来ました。大ニュースだから韓国のメディアは尻込みして、どこも書こうとしない。だから、ぜひ話を聞いて新聞に書いてもらいたいと、産経新聞のソウル支局にネタを持ち込む人がいました。ある人が来て断ったのに、その人の紹介でまた別の人が来るというわけです（笑）。

だから「ここは日本の産経新聞ですけど、いいのですか？」と聞いてみました。「皆さんの国のメディアが一所懸命、極右の安倍礼讃勢力だと言っている、その産経新聞で、私はその支局長ですけど、いいのですか？」と聞くのですが、「ぜひ聞いてもらいたい。あなたに聞いてもらいたい」と。これがよくわからない（笑）。困惑しました。

ちなみに韓国の新聞記者というのは、地位はすごく高いですよね。

現代の両班、韓国の記者

室谷　日本の新聞記者よりも、はるかに社会的権威が認められているというか、韓国独特の法律によらない身分制度の中で、かなり上の方に位置付けられている。

加藤　日本とまるで違いますよね。韓国の新聞記者はまず自分がえらぶっています。自分が地位の高い人間だということを前提とした接遇を要求します。

例えばどこかの政府機関に取材に行くとします。それが記者の中でもキャップやデスククラスになってくると、役所はもう下にも置かないような対応をするわけです。社会的な名士という趣《おもむき》があります。

室谷　一種の「現代の両班《ヤンバン》」ですね。

加藤　そうです。「権威ある人」なのです。「権威」が服を着て、歩いているみたいな感じですね。だから日本から行くと困惑しますよ。

だからさっきも言いましたが、私でも「権威ある人」になる（笑）。それはたとえ産経であっても「支局長」、「長」の付く人間だから。しかも、向こうの呼び掛け方は、支局長という肩書きのあとに「様」を付ける。

室谷　支局長様。

加藤　「様」と言いますよね。

室谷　「ニム」と発音するわけですが。

加藤　これがこそばゆいというか、行ったばかりのころは、「いや、そんな……」という感じでした。さらには、「記者様」と言いますね。

室谷　そう。「加藤記者様」（笑）。

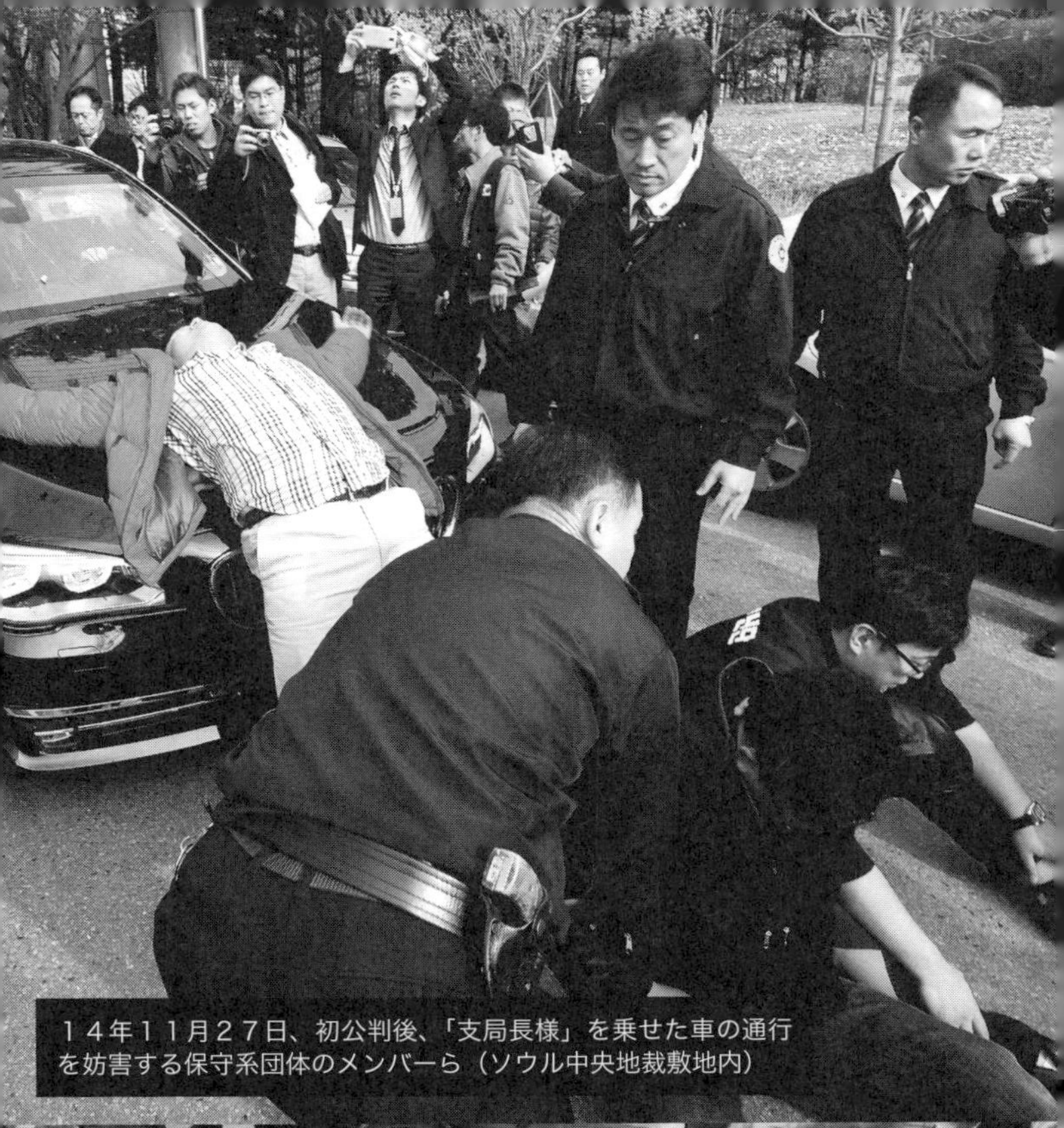

１４年１１月２７日、初公判後、「支局長様」を乗せた車の通行を妨害する保守系団体のメンバーら（ソウル中央地裁敷地内）

安倍晋三首相と加藤元支局長のお面をかぶった男性が足蹴にされ、土下座する動画（「朝鮮日報」動画サイトより）

加藤　「加藤記者様、こちらです」と言われて、「この国はいったい何？」と。どういう価値体系になっているのかと思いました。必要以上に文人を持ち上げますね。

室谷　キギャブンとも言う。「記者のかた」ですね。キギャブンの「ブン」は、かなり高い待遇の呼称に属します。ともかく韓国では記者は偉いのです。だから取材にお越しになられたら「金一封」が当たり前になる。

私が時事通信政治部の官邸サブキャップから野党キャップに転じたときに、韓国の記者が遊びに来た。彼は「担当が官邸から野党に移ったのでは、実入りがぜんぜん違うでしょう。お気の毒に。今日の飲み代は私が払います」と言った。彼らがどういう環境の中にいるのか、よく分かる話です。

それにしても、韓国は「偉い加藤支局長様」を出国禁止にして、裁判にかけた（笑）。

加藤　「支局長様」ですから、自分で言うのもなんですが、日本における単なる平記者を片付けるよりも相当にハードルは高いはずなのです。そういうこともあって、検察などは言葉遣いが非常に丁寧でしたし、対応も丁重でした。先方にしてみたら、おそらく相当なストレスだったと思います。２割増しくらいのストレスだったのではないかと。

粘り強い価値観の押しつけ

室谷　私が韓国にいた頃に親しく付き合った人の中に、日本大使館の若い人がいました。外交官の位でいうと一番下。でも彼は韓国語が自在にできた。だから彼は大使館の偉い人が行かないようなパーティーに行って、韓国人みたいな顔をして話を聞いているのです。そうすると、向こうは日本人がいるとは思わないから、本音で語り合うわけです。

加藤　韓国人同士が。それはすごい収穫になりますね。

室谷　そう。すると韓国の官庁エコノミストの親分みたいなのが、アメリカ人に向かって「『パールハーバーを忘れるな』を忘れるな」というようなことを言って回っていたと。自分は韓国人のふりをして聞いていましたと、彼が教えてくれた。

私も少し韓国語が上達した頃から、喫茶店や飲み屋で、韓国人同士の話に聞き耳を立てることを、よくするようになりました。韓国人に「日本の記者ですが…」と言って話を聞いたら、庶民は「よそ行き」の話しかしない。プロは「日本のメディアを利用できる」とばかり、大袈裟に話す。テレビカメラを向けて聞く話はみんな「よそ行き」だ。

新聞記者を「聞屋《ぶんや》」と呼んだのは素晴らしいことだと思いましたよ。最近の記者は「話し屋」が少なくないが、私たちの仕事は「聞くこと」だ。

加藤　官庁エコノミストは「Remember to remember Pearl Harbor」とでも言ったのでしょうか。そういう持って回った言い方をする人が韓国人にはいるのですよね。知識をひけらかしたいがために、無理やりそれを引用してくるという。「自分は知っていますよ」というような言い方をする人が韓国人には結構いますよね。

あるパーティーで、朝鮮日報の幹部を紹介されたときに、その人が自室で撮った写真を見せてきたわけです。私のほかの記者にも見せていた。その写真では彼は座って、ふんぞり返ってえらそうにしているのですが、背景は壁一面の本棚。厚みのある本で埋めつくされた圧倒される本棚でした。

いったい何を撮った写真なのかという感じなので、「すごい本ですね」と言ったわけです。すると「いや、これは蔵書。ここの壁一面だけで、蔵書が８００冊入っていて」と説明を始める。

私のほかに見ていた記者は、日本系の新聞の記者ですが、この記者は非常にその人に寄り添う形で受け答えをしていた。私は若干、引いていたのです。すると私に対してだけ、「じゃあ、今度、部屋に来て」と。

つまり自分の偉大さを理解した人間は、もうそれでいい。許してくれるわけ（笑）。理解できてない人間は、自分の部屋に今度、来いと言うわけです。

室谷　理解したふりをしておけばよかった（笑）。

加藤　そうなのです。その日本系の新聞の方は「ふり」ではなく、本当に理解していましたけれども、私は理解するつもりもないし、そういう話は時間の無駄だと思っていました。ですが、部屋に来いと言うわけです。大歓待してやるから来いと言う。ご飯も食べさせてやるというのです。行かなかったのですが（笑）。

これは一例ですが、そういう自分はすごいのだという世界観というか価値観を相手に押しつけてくる。それを認めさせるのが好きな人たちですね。地位が上がれば上がるほど、そういう人の出現率が高まります。

上から目線のすごさ

室谷　韓国の編集幹部が書くコラムを見ると、何だか世界の歴史の小さい部分を細かく書いて、「ああ、よく知っているな」と思わせるものが多い。でも何を言いたいのかというと、最後に2、3行、「韓国がどうのこうの」と書いてある。これ、いったい何だ？　と（笑）。

加藤　何を言いたいのか、と。

室谷　日本の大新聞にもそういうのはあるけれども、韓国の新聞はおしなべて上から目線。

加藤　そうです。

室谷　逆にアフリカなど、自分たちより下だと思う国のことは徹底的に見下す。「これはモンゴルよりも低い数値であり情けない」とかね。自分たちの非力を嘆いているのですが、その目安に挙げたモンゴルを徹底的にバカにしているのです。

加藤　ああ、多いですね。

室谷　ともかく彼らから見ての「後進国」は、徹底的にバカにして見下す。露骨な書きっぷりをします。「このままではアルゼンチン並みに陥ってしまう」とか。盧泰愚《ノ・テウ》時代に、「アルゼンチン化の危機」と言われた時のことです。このときはアルゼンチン大使館が猛然と抗議しました。それで「アルゼンチン化」という言葉を政府は使わなくなった。

加藤　政府はそうやってたしなめられ、そのままだと外交関係に傷がつくので「確かにそうでした」と軌道修正しますが、メディアの場合は……。韓国メディアはえらすぎて、全然、批判や非難、お叱りには耳を傾けないですから。

だから今でもおそらく「後進国」と書いている。「発展途上国」のような配慮した言い方はできない人たちですね。「韓国は先進国か後進国か」という議論が、ドーンと新聞に出てきて、ちょっとギョッとするわけです。

日本で言えば、例えば体格について触れるときに「小柄な人」や「大柄の人」とか書きますが、韓国の場合は「チビ」と「デカ」って、はっきり言いますからね。

室谷　そうですね。

加藤　形容が直截《ちょくせつ》的で、見たまま。「配慮ゼロ」です。

室谷　日本もそういうことに気を使い始めたのは、１９９０年代ぐらいからじゃないかな。それまではかなり好き勝手に書いていましたよ。「差別用語禁止」をうるさく言い始めたのは、つい最近です。歴史的に見ればね。

韓国は緊張感がないから

加藤　欧米の記者は、いつも韓国で困惑していますよね。

室谷　1980年代の終わりまでは、日本が東アジア報道のハブになっていました。日本が韓国について報じて、それを欧米系マスコミは転電の形で報じるのが普通でした。あるいは、欧米の記者は東京支局長として日本にいて、大統領選挙のような重大イベントがある時だけ韓国に出張して報じていた。つまりベースは日本。だから日本にどう報じさせるかが韓国にとって非常に重要でした。

そのために背後で蠢《うごめ》いたのが、情報当局が主導する「対日情報心理戦」でした。日本の特派員はなかなか操れないから、日本の高名な学者を招待して、良い所だけ見せて洗脳する。北朝鮮と同じ手法ですね。

その学者が日本に戻り、総合雑誌に文章を書くと、韓国のマスコミはそれを引用して「日本の高名な学者が、コレコレと韓国経済を評価した」といった自画自賛の記事を書く。ネタ提供元が韓国なのですから、犬が自分の尻尾を噛んで回っている姿でしたよ。
　21世紀になると、韓国の当局は、学者を招待するより、テレビドラマで日本人全体を洗脳する方が効果的だと気付いた。韓流ドラマの始まりです。実際に「韓国いいとこ、一度はいかなきゃ」の韓流オバサンが溢れた。
加藤　90年代の終わりからでしょうか、韓国はいまや自分たちが東アジアのハブである、ハブの地位を日本から奪ったということで一時、喜んでいたわけです。一時期、アメリカのメディアは、東京支局長ではなくソウル支局長が東京に出張して、日本のニュースを書くようになっていました。90年代の後半から2000年代、朴槿恵政権になる前の2013年くらいまでの時期です。つまり、極東支局の意味合いはソウルベースになりました。
室谷　韓国は狂喜したでしょうね。
加藤　大喜びでした。
　ところが、その後、韓国経済が鈍化し、日本経済が安定化して、やはり韓国はローカルに過ぎると、また日本にシフトチェンジが起きましたね。だから、かつてソウルに駐在していたアメリカのメディアの記者に、この前、東京の日本外国特派員協会で再会しました。その人に「いま、もう戦争の準備で忙しいのではないの?」と冗談で言ったのですが、韓国は緊張感がないから報ずるに足る物理的な現象がない、メディアとしてはつまらないと言っていましたね。

「韓国訪問の年」

室谷　そういえば、2017年10月の衆議院選挙で安倍自民党が勝ちました。すると「日本が軍国化する」と、いつもの論調の報道がありましたね。その中でおもしろかったのは、日本の軍国化が進めば、中国と対決させて、わが国の安全を確保すべきだというようなものがあったことです。なぜ日本と中国が韓国に言われて、対決しなければならないのかと思いますが、彼らの発想では二大国を手玉に取っているということなのでしょう。

加藤　あいかわらずの「ファンタジー戦略観」がすごいですね。

室谷　歴史もファンタジーだし。

加藤　戦略もファンタジーで。

室谷　ファンタジーというと、あれはどうなったのかな。アメリカのホワイトハウス内に、文在寅のファンクラブができたという話。
加藤　それは、本当ならすごいですね（笑）。
室谷　聯合ニュースが韓国語版で書いた。ところが、日本語版を見ると、その部分が消えているのです（笑）。
加藤　ファンクラブができる理由がないですね。
室谷　ただ、これは青瓦台当局者がそう語ったという話なのですよ。
加藤　あいかわらずの「韓国ぶり」に、なんかガッカリします。
室谷　ところで「韓国訪問の年」について知っています？
加藤　はい。世界中から韓国にお客さんを迎え入れるという……。
室谷　もう10年以上前から、毎年、「韓国訪問の年」です（笑）。しかし、どう考えても、本来ならば「外国人誘致の年」になるはずなのですよ。ところが彼らは「韓国訪問の年」だという。
　日本に来てもこう言うわけです。「今年は〝韓国訪問の年〟だから韓国へ行きましょう」とね。日本人の「韓国ファン」が、そういう運動をするのだったら「韓国訪問の年」でもいいですが、おかしいでしょう？

加藤　確かに（笑）。

室谷　外国へ来てまで「韓国訪問の年」というのは、「自己中民族」の極みです。

加藤　違和感がありますね。

室谷　なぜそういう発想になるかが不思議なのです。

加藤　普通は「来てください」「誘致に力を入れています」と言うでしょうね。そして、何らかの方策を採るとかそういうことになるはずです。

室谷　毎年、新政策はありません。いつも同じことしかやっていない。で、毎年「今年は韓国訪問の年です」という（笑）。

加藤　言葉の使い方が間違っている。そして「こうなったらいいな」という希望を言っているのでしょうねえ。

先ほども韓国語の話をしましたが、今の話で思うのは、韓国には日本語の古典でいうところの「あらまほし」という言葉がないわけです。「あったらいいなあ」とか「こうあってほしい」という言葉がない。例えば、日本の政治家の発言では「待機児童というものを極力減らしていきたいと思っている」というような控え目なものがあったりします。でも、韓国の場合はそれが「待機児童は、ゼロになるべきだ」とか

「しなければならない」となる。

なんでもかんでもヘヤハンダ

室谷　「ヘヤハンダ（しなければならない）」ばっかりなのですよ。

加藤　そうです。「ヘヤハンダ」。韓国紙の日本語版で社説などを日本人が読むと違和感があると思いますが、全部そういう調子だからでしょう。「あらまほし」がなくて「ヘヤハンダ」。

室谷　大統領の演説は、誰が大統領になっても「ヘヤハンダ」ばかりですね（笑）。

加藤　同じですね。「日本政府は○○しなければならない」「日本はこうあらねばならない」。

室谷　さっきも出た「正しい」という言葉の意味も、怪しいものがある。「正しい歴史観」がその代表（笑）。「日本は正しい歴史観を持たねばならない」と、ファンタジー史観の大統領が説教するのだからお笑いだ。

加藤　つまりは、すべて自己都合ですね。自分にとって都合のいいことが「正しい」という意味です。

室谷　公正公平などという概念は……。

加藤　まったくない。「天網恢恢疎《てんもうかいかいそ》にして漏《も》らさず」という概念、つまり悪事を行えば必ず捕らえられ、天罰が下るという概念がそもそもないのではないかとすら思う。自分たちを超越した何者かが上から見ていて、庶民生活を公平なものにしていくという考え方は一切ない。一方で「易姓革命」（天命によって天子は天下を治めているので、不徳の者が出れば、天命が革《あらた》まり別の姓の者が天子につく）、つまり王朝は交代するという概念はある。

権力者に対してはそういう発想が許されるのですが、一般庶民には「天網恢恢疎にして漏らさず」はありません。お天道様が見ているという教育がないので、嘘も平気でつく。全部自己中心になります。

室谷　考えてみると、私は日本に戻ってきてから韓国に関することを書くときに、結局何を書いてきたかといえば「日本人みんなが思っている韓国人観は違うよ」ということです。日本人は、日本を中心に考えて「そんなにみんながみんな嘘をつくはずがない」と勝手に思い込むのですが、いや、本当にそういう人達なんだと。彼らはみんな嘘をつくのだよと書いてきました。

加藤　日本人にはなかなか分かりづらいですからね。あの国の中ではそれで成り立っているわけですが、日本人が彼らと付き合うとなると、どうしてもそこを理解しないと災厄に巻き込まれます。

第5章

韓国リスクを報じない日本

韓国がお膳立て

加藤　日本のテレビ局の記者は基本的に、日本の国内取材においては非常に優秀で、エリートです。政治部や経済部、外信（国際）部、たまに社会部出身もいますが、「当局取材」は非常に上手です。

しかし、韓国に行くと違う。私も楽ではありませんでしたが、言語能力や国情に関する知識があり、歴史などに精通している記者は、そんなにいない。でも現地にはスタッフが完全に揃っているから大丈夫です。

室谷　自分で街に出ないから韓国のことを知らないのですね。テレビの記者もそういう人が多いけど、外交官もゴキブリやネズミが走っているような飲食店には決して入らない。それでは、韓国の庶民の本音には近づけない。ゴキブリ居酒屋で、聞き耳を立てることをしないと。私はそればかり得意だったけど（笑）。

加藤　韓国のこと、政治情勢や経済実態を初めからよく知らなくても仕事をこなせるということですね。記者には支局長も含めて、それぞれ対応する通訳兼アシスタントが一人つく。テレビの場合はカメラクルーがそれにくっついている。だから例えば記者が二人いれば、ツーセットのクルーがいる。非常に大所帯だし、充実しています。

よく知らなくても取材できてしまうわけですね。

さらに韓国側から取材のセッティングをされることもある。韓国側もよく心得ているから、ある種の日本人記者を大事にするということです。韓国についていまのこの状況であってもソフトに書いてくれる日本人記者というのはいますから韓国はそういう人を大事にします。青瓦台にしても、役所にしても、そういう人はウェルカム。韓国語が不十分だったとしても、アシスタントが韓国側と非常に密接な関係をすでにつくっているわけです。場合によっては先方が専門部局の日本語のできる職員をその場に連れてくる。もちろん、完全に独自取材の記者もいますが。

室谷　お膳立てされちゃうわけですね。

加藤　そうです。しかも、さすがにこれまでの自社の報道姿勢とかけ離れたような報道をするテレビ局はありません。なぜならば、東京に国際部というバックアップの部署がありますので、そこで方向性やテーマが整えられたものが結果的にアウトプットされる。だから取材の現場で一緒になると、韓国を知らない記者はまったく黙っているか、元気のいい記者はトンチンカンなことを急に聞きはじめたり、ちょっと困惑するような場面もあります。

室谷　そういう取材が日本に流される。

日本メディアを選別

加藤　そもそもパッケージの取材設定があったりして、それが流れます。でも２０１０（平成22）年あたりはそうでしたが、その後、ものすごく日韓関係が悪くなってしまったので様子が変わりました。朴槿恵政権になると、日本のメディアに対する韓国側のお膳立ての「濃淡」がなくなっていきました。

以前は、例えば韓国側はＮＨＫ、朝日新聞、日本で一番大きい読売新聞を重視していた。それからやはり周知力の観点で共同通信も重視する。そういうメディアに対する濃淡、選別があったわけですが、朴槿恵政権になると変わりました。政府職員や青瓦台のスタッフは、よほど信用され、ある程度の時間的な付き合いがなければ心を開かなくなった。不用意な日本側メディアとの接触で、自分が首を切られたり、叱責されたりするからです。

室谷　自己保身。

加藤　そうです。青瓦台の事務官は、出向けば面会には応じましたけどね。食事もしたりはするし、そこそこ青瓦台の内部の雰囲気程度の情報は出てきますが、本筋の例えば外交については、「それは申し訳ないけど……」という感じでした。報道が少しでも出ると、自分のところの親分である首席秘書官が怒られてしまうからまったく話せないというような、非常に硬直した状況になってしまいました。だから2013年2月以降は、日本のメディアに対する濃淡、選別、色分けはほとんどなかったです。当時の朴槿恵大統領への単独インタビューも、独占的寄稿も、日本メディアは一様に受けつけられなかった。

室谷　でも、その前はあったのですよね。

加藤　李明博政権のときまでは、ありました。例えば日本側は野田佳彦政権で、朝鮮王朝儀軌《ぎき》を返しましたね。長い議論、調整の末に、日韓友好のためにという名目で、民主党政権が韓国側に返したわけです。

王朝儀軌を返したときに、仁川空港で引き渡し式典というのがありました。そういうときは我々取材陣は大挙して行くわけです。すると、日本のテレビ局の一部が、立入禁止の柵の向こう側に入ってずっとカメラを寄せて撮っていた。韓国側が日本のそのテレビ局を取り立てていたわけです。私は新聞記者で、しかも産経ですから、そんな特別扱いは初めから期待していません。

結局、そのあと、何が起きたかというと、韓国側からの挨拶の中に、とんでもない文言が出てきたわけです。これは日本が、反省を行動で示したものと評価できると言ったのですよ。日本側の言うところの「日韓友好の礎とする」というような話ではなく、まったくその逆の挨拶が出てきて、当時の日本の駐韓大使は憮然として挨拶をペラッと読んで、すぐ帰ってしまいました。

韓国側に有利な状況にテレビ局を引き入れて自分たちの主張を言い、それを取材させる。韓国を知らないテレビ特派員はそこに乗っかってしまう。状況に明るくない人が来れば、簡単に転がされますね。

「次はいい記事を書きます」と約束した特派員

室谷　私がソウルにいた時代は各社一人しか特派員が認められていませんでしたが、今はもう完全に自由なわけでしょ？

加藤　そうですね。

室谷　テレビ局も一人でした。だから昔と今では全然環境が違いますね。その当時のことです。これはテレビではありませんが、こんなことがありました。テレビドラマで私債（闇金）業者を主人公とした連続ドラマが大ヒットしたことがありました。私債業者の口癖は「（偉い人は）みんな泥棒です」。

当局から睨まれたのでしょうね。ある財閥の総帥が私債を借りに来る場面があった次の週から、同じ配役のまま、まったく違うドラマになってしまったのです。財閥の総帥、経済官庁の当局者たちがいかに国を思って苦労しているかという筋に変わってしまったのです。

私は、その顛末を取材して記事にしました。日経新聞が社会面4段で掲載しました。

加藤　結構大きな記事ですね。

室谷　それは韓国の情報当局からすると「韓国の恥を新聞に載せた」ということだったようです。それで抗議があり、「ついては謝罪文を書け」と言うわけです。でも、こっちからすれば、とんでもない。書いた内容は事実だ。当局者のやり取りの中でおもしろい話が出てきた。「日経の特派員は、ちゃんと次はいい記事を書きますと約束しましたよ」と言うのです。「あなたも、そうしなさい」と始めるわけです。

そのときに私が切り札として言ったのは、「私の記事とほとんど同じ内容をソウル新聞も書いている」です。当時のソウル新聞は、軍が集団購入する新聞でした。だから軍の準機関紙だったわけです。それを言ったら、韓国の当局、文化公報省の海外広報館といういわゆる外国マスコミの取締機関は「えっソウル新聞が⁉」と驚いた。そのあとは何にも言ってこなかったですよ。

加藤　ソウル新聞が書いていればいいわけだ。

室谷　そう。軍の準機関紙だから。

でもその程度の話なのに、日本の特派員には当時、「次はいい記事を書きます」というような手合いがいたわけです。

加藤　「いい記事」って。

「日本と韓国は似ていると書くべきだ」

室谷　「ゴマスリ記事を書きます」ということでしょうね。

当時、青瓦台の秘書官が私と会うとよく言ったのは、「日本と韓国はこんなに違うという記事を書くべきではない」「日本と韓国はこんなに似ているという記事を書くべきだ」と。

加藤　そういう論法は私のときにもありましたよ。

室谷　なぜそんなことを、あなたに説教されなきゃいけないのかと不快になりますが、韓国の高官はそういうことを言うのですよ。それをまた忠実に守る特派員がいたわけです。

送別会で、「私は一度も文化公報省に呼び出されることもなく、大過なく任期を終え……」と挨拶した特派員もいました。

加藤　取り込みやすいということでしょうね。「こんなに似ている」という報道が日本の親韓感情を育てるということなのでしょう。いまでもそれを忠実に守っている新聞がありますね。

室谷　文化公報省から「お呼び出し」があって行くと、彼らはこの記事はこうだ、あだと文句を言った挙げ句に、さっき言った「日本と韓国は似ていると書くべきだ」というような説教を垂れるのです。

加藤　日本はそんな面倒くさいことをいちいち外国メディアにしませんが、彼らはやりますね。きめ細かい（笑）。

室谷　だいたい日本に外国新聞を担当する部署はあるの？　外務省にあるのかな。

加藤　外務省には国際報道官というのがいます。国際報道官室の下に、そういう組織がありますけれども、申し入れぐらいはするかもしれませんが、よほどのことがなければ「抗議」しないですよね。逆に抗議するような水準のことをやられて、初めてアプローチをするということですよね。

室谷　私が韓国にいたころは、国軍保安指令部、それからＫＣＩＡ、治安本部、ソウル市警の担当者が１週間のうち、何回も来ましたね。そういう連中とは、みんなお友だちになるのだけど（笑）。

「いい記事」を書く日本の記者

加藤　日本では韓国について批判的に書くと「韓国ヘイト」とよく言われますが、そもそも日本の記者は韓国社会の本当の有り様をあまり論じてきませんでしたね。

例えば、日本人の記者が韓国紙に連載しています。が、韓国紙に載る日韓の比較文化批評は、残念ながらどういうわけかおもしろくない。

室谷　女性記者が中央日報に書いていますね。そのコラムを読むと、日韓のトイレの違いがどうだこうだとつまらないことを書いている。

加藤　昔の新聞記者は、比較文化論的な手法をよく取っていました。現地に嵌まってみる。行って、食べてみる。できれば現地の女性と、あるいは男性と結婚してみる。全人格をかけてその国の社会に入ってみて、そこからわかることを自分の母国に伝えるという手法。

でもアウトプットされる記事にはパンチがない。残念なことに、当たり障りのないことしか書いていない。日常風景の羅列です。

室谷　それが韓国の政府にとっては、日本人記者によるいい記事なのですよ（笑）。

加藤　そう、韓国から見るとあれがいい記事なのです。典型的な韓国人からすれば、気持ちのいい記事。「わが国を十分に理解している記者が、韓国紙でありのままを伝えてくれている」と。

室谷　日経はその典型で、これがもっと進んで「世界に躍進する韓国企業に学ぼう」（10年3月4日）と題する社説になったわけですね。

加藤　先ほども話に出たように、韓国側は「なぜ韓国のことを悪く書くのか、もっと日韓関係に資するようなことを書きなさい」と常に説諭するわけです。

室谷　私も、韓国紙に寄稿していました。評論家の池東旭《チドンオク》さんが出していた「週刊韓日ビジネス」という日本語紙に。

ある時、「官尊民卑の国に来て」という題のコラムを書いた。日本もそうだが、韓国はもっとすごい官尊民卑だ。その国に来た日本の外交官はすぐに強度の官尊民卑病になってしまうという話です。実例をいくつも挙げて書きました。

その新聞がでると、日本大使館ではなく文化公報省が文句を言ってきた。なぜかいつも出頭命令なのに、この時は自ら支局に来た。そして、「わが国を官尊民卑の国だと言って貶めた。謝罪文を出せ」と。ちょうどそのとき、支局に韓国紙の記者が遊びに来ていた。彼が「お前のそういう態度をまさに官尊民卑と言うのだ」と怒鳴りつけた。それで終わりでした。

中央官庁の課長クラスとは、新聞記者に怒鳴りつけられる境遇というか、韓国の新聞記者とは「偉い人」なのだと実感しましたよ。

外信コラムの有害

加藤　例の大統領に関する記事を書いて裁判になったときに、検察当局側の言い分を弁護士に教えてもらったことがあります。

「加藤さんは90年代に初めて韓国に行って、上申書に書いたとおり、韓国の文化に非常に馴染んできた。もっと詳しく韓国を知りたいと2004年に留学もし、韓国語もそれなりに勉強して、韓国に理解のある人間になっているはずだ。さらに志願して特派員になり、そして支局長にまでなった。つまりあなたは韓国のために報道しなければならないのに、どうして韓国の悪口を書くのか。そこのところが許せない、ということなんですよ」と。

それが検察当局の言い分だと弁護士が解説してくれるわけです。でも私は韓国から給料を貰っているわけではないし、なぜそこまで韓国の立場を代弁しなければならないのかと素朴に疑問を持ちましたね。

室谷　押しつけがましい。

加藤　日本の新聞にも「いい記事」が載っています。産経新聞で言えば外信コラムのようなものですが、ある社の外信コラムは、本当に「ちょっとした話」を発信しています。お国柄を切り取ったコラムと見ることもできます。

でも、これは好みにもよるのでしょうが、私たちはできればスパイスの効いた「すごく、おもしろい話」を読みたいわけです。これだけインターネットが盛んになった中で、「すごくおもしろい外国の話」が世の中にたくさんあるのに、毒にも薬にもならないちょっとした記事では……。

室谷　おもしろくないだけでなく、実態とかけ離れていることもある。

加藤　そうです。だから日韓業界、あるいは国際記者業界、これが変わらなければいけないと私は思います。もちろん「いや、我々は加藤みたいにつまらない記事を書いて、訴えられたりしないから」という批判もあるでしょうし、その批判は受けますが、やはり踏み込みが足りない気はします。

そもそも先ほどの記者のコラムのようなものを、社会部の記者が書いてデスクに出したら紙面に載らないですよ。特ダネでもないうえ、独自の切り口でもない。でも国際報道では許される。特に韓国報道の場合は、つまらないものも「ありのままを」伝えているとなる（笑）。しかし、コラムであっても、いやコラムだからこそ、なぜ敢えて日韓の大問題に触れないのかという話。

室谷　韓国がそれを求めているから。

加藤　そうです。先ほどの韓国紙での連載は日本の新聞の紙面を飾った記事ではありませんが、韓国側はそのような毒にも薬にもならないものを求めている。それに慣れ親しんでしまうと日本の記者は「こう書かなければ」とどんどん習慣化される。それは韓国に転がされているということです。

「韓国ヘイト」は誰のせいか

室谷　だから私は絶対的少数派でした。

加藤　そうでしょうね。エッジの一番端っこを歩いていらした。そのときはまだ多くの日本人が目を開いていなかった。韓国に対する思い込みが先に立っていたでしょうね。

かつて、韓国に批判的なことを書くと、コリア・ウォッチャーは、こう言うのですよね。「特派員なんだから、『木を見て森を見ず』はダメだ」と。それぞれの社の「韓国ウォッチの流儀」に収まらない現実が生じてくると、おそらく「それは極端な木だから」と言われたりする。そうすると読者は韓国で何が起きているかがわからないと思います。あまりにも森を見過ぎて木を見ないのも問題でしょう？　だから韓国については、1本の木が反日で燃えていることを知らないまま、いつのまにか森林火災になっていた。ネットの発達で、韓国紙も日本語のWEB版を発刊するようになって、日本の読者、世論はいきなり炎上状態になりました。

室谷　日本のマスコミはこれまで日本人に韓国の実態を報道してこなかったから。

加藤　そうですね。例えば日本がある国に対して関心を持つときには、そもそものきっかけというのがあります。例えばブータンのように「幸せの国」だとか「親日である」というようなきっかけ。例えばイタリア、フランスであれば、食べ物やファッション、文化がすぐれているというところから関心を持つ。でも韓国は、あるとき無理やりに「韓流」で多くの日本人の視界に入ってきました。

室谷　つくられた韓流ブームもあった。

加藤　韓流ブームが発酵してガスが出ているところに、火がついたのだと思います。ずっと昔からすぐ隣にある国だけれども、先のような報道の事情もあってよくわからなかった。そこにインターネットの発達もあり、日本の悪口を言っているくせに、日本を利用している国なんだと日本人は分かった。韓国の新聞社は最近ではご丁寧にインターネットで日本語に訳してわざと悪口を発信していますし。

室谷　アクセス数が高まったと喜んでいるとも聞きます（笑）。

加藤　あれだけ炎上要素をアップすればアクセスも増えますよね（笑）。しかし、それによって日本人は、韓国は国として反日意識を持っていると思うようになったわけです。そもそも関心の入り口がハードなので、全然、ソフトランディングしない。ハードランディングをしている。

だから国内で、韓国から「良心的知識人」と呼ばれる学者やジャーナリストが、「いや、日本と韓国の関係はそんなものではない」と打ち消しにかかっていた。韓国を批判的に論じる人たちのことを、以前から韓国を「良心的に」見ていた人は冷ややかな目で見るという構造になっていると思います。

室谷　そういえば、ある全国紙の記者から「なぜ今になって『呆韓論』を書いたのか」と聞かれました。私は80年代から、ほとんど同じスタンスの本を出していますが、聞いているほうとしては「売れるから〝嫌中憎韓〟を書いたのだ」と言わせたかったのでしょうね。

加藤　そうでしたね。朝日新聞をはじめとして韓国批判を「ヘイト」だと言い始めた。誰が実態を報じて来なかったのか、誰がハードランディングをつくったのか、という話ですよ。

日韓業界は韓国に取り込まれますが、その外側のエッジに立っておられたのが室谷さんのような方だと、私は見ていました。『呆韓論』をはじめ、室谷さんの著作に対して「これはヘイトである」と言う人は向こうにもいたのですが、私はまったくヘイトではないと思いましたね。なぜなら、殴られている相手に、「あなたのことが大好き」と抱きつくバカはいないからですし、引用を元にお書きになっている。

室谷　最初は韓国の実態、日本への感情について話しても誰も信用してくれませんでした。事実をそのまま話しても、です。だから、韓国メディアが書いていることを引用して書く手法にしたのです。引用して書いても、ヘイトだと言われるけど（笑）。

青い目の人はいいが日本人はダメ

加藤　韓国メディアの引用を元に書く方式を室谷さんが定着させましたね。前から不思議だったのは、例えば『呆韓論』に対して、日本国内の批判がそもそもどうして起きているのかということです。韓国から『呆韓論』の室谷さんの論法や記述形式に対して不満がどんどん高まったのは、日本国内で室谷さんが批判されていると報道したものを朝鮮日報や中央日報が引用報道するようになったからです。そのことについて、どうお考えになりますか？

室谷　日本国内の私に対する批判はずいぶん目にしたけど、端的に言うと、しっかり本を読んでいない、見出しだけ見ているということです。

加藤　あれは不思議です。先ほども出ましたが、朝日新聞が「嫌中憎韓」と書いたりしました。その論調はいまだに続いている。最初に批判の枠を用意しておいて、そこに嵌めるような話です。

室谷　中身に対する批判はなかったですね。具体的にどこがというのはなかった。

加藤　韓国の新聞の引用ですからね（笑）。つまりは韓国の新聞が「ヘイト」ということになる。

室谷　そう。

加藤　室谷さんの著書を韓国の外交官やメディアが批判するのであれば、それは韓国の、あなたの国のメディアの問題ですよという話です。天に向かって唾する行為。

室谷　韓国は、自分たちで自分たちを批判するのはいいのですよ。ヨーロッパ人、アメリカ人が言ってくれるのもいいのです（笑）。日本人が言うとダメ。それはありがたいのです（笑）。日本人が言うとダメ。それがあそこの国民性です。その日本人は韓国の報道を使って、書いていると言っても信じないわけです。新聞をしっかり読まない人たちですから。

加藤　韓国の三大紙にしても、それから左派系のハンギョレ新聞にしても、権威付けのためか韓国に住んでいる西洋人の外交官や大学教授らによる韓国文化批判コーナーが必ずあって、長い、ほぼ意味のないことが書かれている。私たちからすれば、今さらそんなことをありがたがって聞くのかというようなことが掲載されています。「韓国人はあまりにも権威主義に陥りがちである」というようなもの（笑）。いや、それは「ええかっこしい」なだけですよ、と。それだと全然わかりませんよ、というようなもの。

ああいうところに書く外国人も、韓国の論法にすっかり染まってしまっていますね。

室谷　もっともらしいことを書くけど、何も残らない。韓国は敵か味方しかない国民性ですから、彼らからすれば「味方の外国人」であり続けないと韓国で食べていけなくなるのでしょうね。

加藤　簡単なことを難しく言わせたら天下一品です。この論法に嵌まっていて、特に韓国語でそれを読むと小賢しい。青い目の方に、わざわざ言っていただいてありがたがっているけど、私たちは昔からおたくにそれを言っているじゃないか、と思います。

室谷　日本人が言うとスルーか牙を剥きだすか。

「この反日は例外」の過ち

加藤　「反日の国」であることは産経を除き、ほとんどのメディアの外信が伝えていなかったので、突然に火がつきました。森を見すぎて木が枯れていくのに気がつかなかった。

室谷　日本の新聞は韓国に対する理解者ばかり取り上げて、普通の人の「反日」は取り上げないわけです。

加藤　「例外的だから」と言うのですよね。「この反日は例外的だから」とずっと言ってきたのです。例外的だと放ってきたがために、日本政府も出遅れ、警戒感もなかった。「韓国であんなことになっていますよ。日本政府、大丈夫ですか。日本の名誉が損なわれていますよ」という観点の報道が、日本でメインストリームとしてはなされず、世論喚起がされなかったのです。

1992年1月に始まった挺対協（韓国挺身隊問題対策協議会）の「水曜デモ」も「慰安婦のおばあさんたちは例外だから、大きくならないから、大丈夫、大丈夫」と。「あんなものは放っておけばいい」という認識が強かったですよね。

室谷　それでここまでになった。

加藤　今も文在寅政権が行っていることを、また「例外」だから放っておけばいいという言う人がいますが、例えば2017年10月、独島防衛の部隊を創設すると言い出しました。いずれは竹島（韓国が独島だと主張している）周辺を軍隊によって防衛すると文在寅政権は言っているのです。

これは根が深い問題で、以前、韓国は済州島に海軍基地をつくったわけです。その予算を取る、人員を確保するために、軍が政府、国内向けに宣伝しましたが、そのとき海軍のホームページに最初、何と書いてあったか。海洋進出を強める中国、領土的野心を捨てない日本に対する警戒のための基地だと明確に書いてあったのです。基地の設置思想、軍事ドクトリンにそういうことが書いてあるわけです。これは日本を敵国だと認識しているということです。ところが、それを書いたメディアは産経新聞以外、一つもない。

先輩の黒田さんがサジェスチョンしてくれたのもありましたが、私は済州島に行って取材してきました。韓国では国内でも海軍基地建設に反対する人がいると韓国の極左は言っていました。そこで国内世論に海軍基地建設を説得するために反日を持ち出していたわけです。それを取材して、やはりこの国はおかしいと思いましたね。日本を仮想敵国どころか事実、敵国にしようとしていると思ったのです。そうしたら、〝独島防衛隊〟です。

室谷　２０１６年、海上自衛隊や米韓両海軍などが韓国海域で共同訓練を行ったとき、済州島への海自艦船の入港が中止されましたね。自衛艦旗である「旭日旗」は「軍国主義の象徴」だと、メディアが激しく反発したという理由だからお粗末です。

「慰安婦教」という宗教

加藤　文在寅政権は慰安婦問題に関する日韓合意をなんとか白紙に戻そうとしています。

室谷　最近思うのは、慰安婦問題は韓国で慰安婦の像を本尊にした宗教になってきましたね。ご本尊の前で、地べたに座ってお辞儀したり。

ご本尊になった慰安婦像

どんどん増殖する慰安婦像。ソウルの日本大使館前に勢揃いしたのは路線バスに乗っていたもの

加藤　それにまた別の像が増えましたね。徴用工像というご本尊が出現した。

室谷　過激派同士、軋轢があるのですよ。慰安婦像を建てている挺対協は、徴用工像に反対しているのです。それは慰安婦問題を薄めることになるという主張。過激派の路線対立は昔からのことです。

加藤　セクト主義なのでしょうかね。

室谷　そう。思想が先鋭化した者同士は、ほんの少しの違いも許せなくなる。

加藤　「本家」と「本舗」の争いですよね。

　彼等は海外でも慰安婦像を建てまくっています。

室谷　ニューヨークに建てましたが、これは韓国系米国人団体の施設の中につくっている。そんなものならいくらでもつくってください。

加藤　でも公の管理する土地、屋外の公共スペースにドーンと建てるようなことになると、鬱陶しいですよね。

室谷　これは日本の外務省がどうするかです。おそらく日本が外国に豊臣秀吉の像でも建てたら、そこを担当する韓国の領事は左遷されますよ。

　徴用工問題にしても日本政府は、軍艦島（端島）などが「世界文化遺産」という

〝虚称〟を得るために「歴史の真実」をゆがめて喧伝する権利を韓国に渡してしまったと言えると思います。国際法上の「ｆｏｒｃｅｄ　ｌａｂｏｒ（強制労働）」と、世界文化遺産で記した「ｆｏｒｃｅｄ　ｔｏ　ｗｏｒｋ（働かされた）」は違うという説明など、世界で１％でも理解する人がいるでしょうか。

日本側は「韓国が裏切った」という立場のようですが、詰め切らない問題を残したまま、公開の場に出たら、韓国がどう出てくるのか。詰め切らない問題を残すまでの過程に、韓国側に通じた日本の官僚の〝作為〟はなかったのか、と私は疑っています。作為がなかったとしたら、戦後の日韓関係史から何も学んでいない無能官僚ということになります。

加藤　対韓外交においては散見される問題ですね。

室谷　彼らは「日本政府が国際舞台で強制徴用を認めた」と宣伝するだけですよ。日本国民は戦時徴用についても、「強制連行された従軍慰安婦」と同様に、歴史事実の積み上げにより、しっかりと理論武装すべきです。韓国では「強制徴用された〝韓国人〟（当時、韓国という国はない）は２００万人」などという妄言がまかり通っています。そもそも、徴用は法律に基づく行為なのだから強制性は当然です。彼らは、わざと「強制徴用」と述べていますが、彼らの国では徴兵を「強制徴兵」と呼んでいませんね。

加藤 確かに「強制徴兵」というならまだしも。

室谷 朝鮮半島に国民徴用令が適用されたのは終戦前の1年弱（1944年9月以降）ですよ。その時期に、半島から列島に200万人も連行してくるほどの海運力があったとすれば、日本は戦争に勝っていました。

ですから半島が徴用の対象になる前に、すでに「半島から強制連行されてきていた労働者」とは、どんな人々だったのか。端島炭坑で、主として朝鮮人労働者を仕切っていた飯場の親方は、どこの出身者だったのか。そこに朝鮮人労働者を対象とする専用慰安所はなかったのか。家族連れで来て（当時の）文化住宅に住む朝鮮人労働者もいた。となると、「強制連行」とは「家族連れ」で行われたのか――。政府はこの際、あらゆる史料を公開すべきです。

「日米韓にヒビ」はいいこと

加藤 いま日米韓の連携が重要だと言われていますが、相変わらずです。

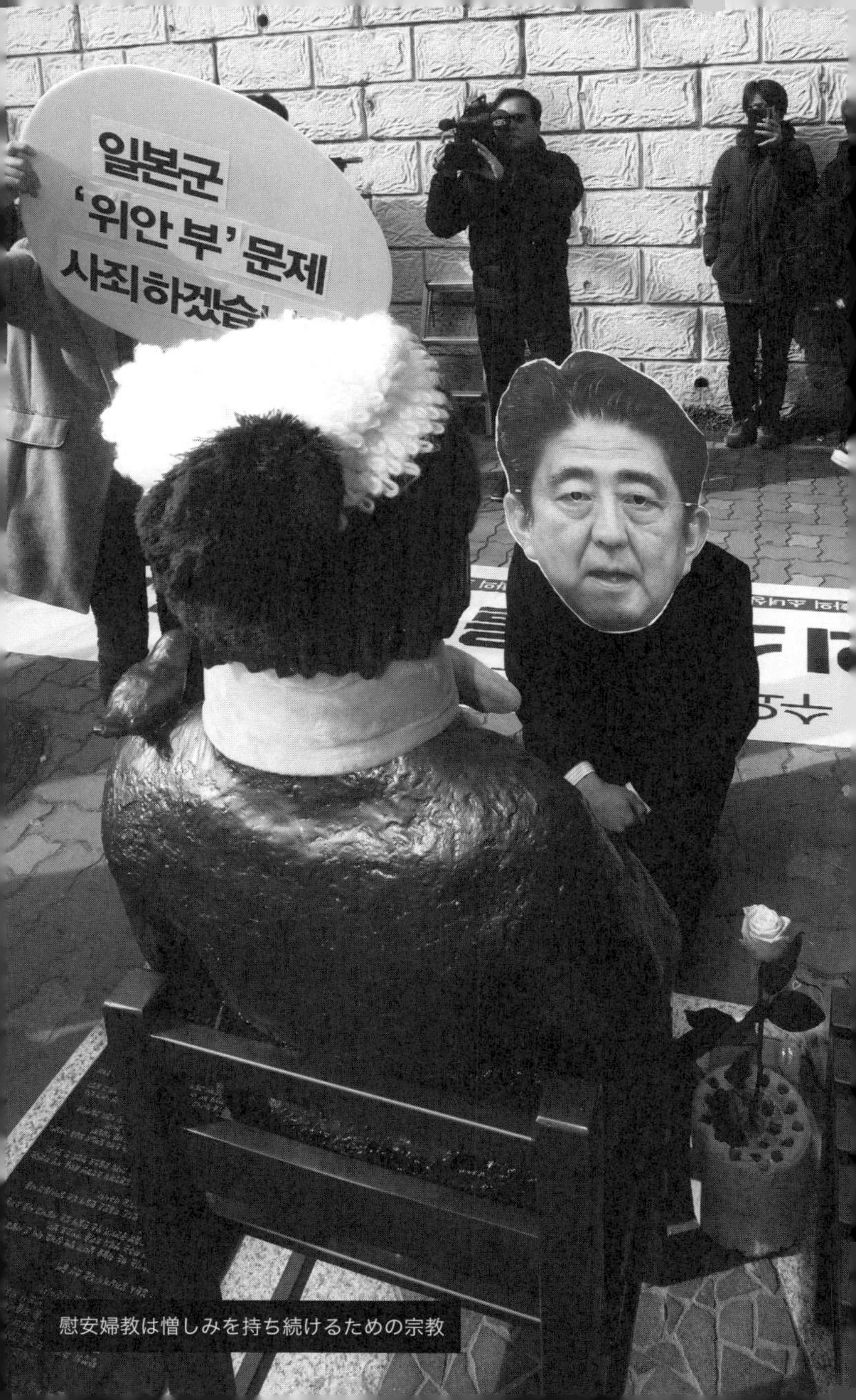

慰安婦教は憎しみを持ち続けるための宗教

室谷　先にも述べましたが、慰安婦問題や徴用工問題を焚きつけることは、日韓分断になる。それは日米韓にヒビ割れをつくることになるから、いいことだと。これが彼ら韓国の左翼の発想です。つまり慰安婦だ、強制徴用だとやれば、日本人に嫌韓派が増える。ここは事実でしょう。そうすれば、日韓の協力がうまくいかなくなると、彼らは思うわけですよ。それはいいことなのです。だから彼らとしては、慰安婦問題や徴用工問題にますます燃料投下をしなければいけないわけです。

韓国の保守派指導者は、左翼の運び方を分かっています。でも「慰安婦教」の前では、まったく文句を言えないわけです。もう絶対的な「国教」だから。

だからあの朴裕河の『帝国の慰安婦』に対する裁判などは、完全な「宗教裁判」なのですよ。

加藤　確かにそう考えるとわかりやすいですね。

室谷　まさに宗教。宗教だから、学術的な研究もダメだというわけです。

加藤　まったくダメですね。

室谷　宗教というのは、普通は幸せになるための手段みたいなものでしょう。だけど、あの「慰安婦教」は、憎しみを持ち続けるための宗教なわけです。

加藤　確かに。自分たちが信じるものが絶対の「正」であり「善」であるということを前提として、その宗教は始まります。その領域に朴槿恵大統領は２０１５年年末に、日韓合意という形で踏み込んで、蹴散らそうとした。彼らにしてみれば蹴散らされたことで、ますますその運動に拍車が掛かってしまった。スイッチが入ってしまいましたね。

室谷　あれは宗教だからどうしようもない。

加藤　ただ、放っておけないのは、昔、イエズス会が世界中に布教と調査をワンセットにして、送り込みましたよね。それで新大陸へ進出した。中南米などにどんどん入り込んでいって、植民地拡張主義を尽くしたわけです。

　韓国の「慰安婦教」もある種、似たような臭いがします。「善」だと勝手に思い込んで、「善」から発する行為はすべて「善」であるという論法によって、すべて焼き尽くしてくる可能性がある。それにどう対応するか、対抗策を日本側は考えないといけません。政府も地方自治体も、文化交流をする民間もそうですし、貿易関係も心構えが必要。

室谷　ただ、韓国内で行っている分については、文句は言えないわけです。

加藤　それはどうぞご自由に、です。日本公館の前でなければ。一方で、金が動くことには気をつけなければいけません。中国で三菱マテリアルが抱えていた徴用工問題について、その顧問である元外交官が早く謝ってしまえとして決着させた。日中共同声明で解決済みの話ですが、三菱は謝って基金をつくることにしたので、中国が勢いづいています。中国ではどんどん、訴訟の嵐が起こっている。韓国でも徴用工問題がわき起こっている。

室谷　だけど、韓国の場合は日韓請求権協定で解決済みですからね。にもかかわらず、もし、ある会社が金を払いましたとなると、株主代表訴訟になる。だからまず動かないと思いますよ。

加藤　なるほど。しかし、日本が話し合いに応じないと言ってモンスタークレーマーになるでしょう。

室谷　どこかの企業が、韓国での商売を上手くやるためにはと「みかじめ料」を払ったら、その企業は日本中から非難を受けて会社存続も危うくなるでしょう。

もう一つの半島の大問題

加藤　文在寅の次の代も、おそらくまた左派政権になりますね。

室谷　今、右派・保守派勢力を壊滅させる政策を進めていますからね。

加藤　壊滅させ、根絶しようとしています。文在寅が大統領選挙前に著書で言っていた親日派を清算するということを具体的に一つひとつ、やっています。北朝鮮問題も大変ですが、こちらも大変ですよ。

室谷　前にも言いましたが、「韓国型共産主義」をつくろうとしているわけですから。各官庁に、今、積弊清算タスクフォースをつくっている。これは各省庁の中の革命委員会です。それで上司を悪い奴だとして飛ばすし、自分がその地位に座る。朝鮮日報の金大中顧問（元大統領とは別人）が「積弊清算はまるで文化大革命」という論説を書いていました（朝鮮日報、17年11月25日）。あの人にしては、まともなことを書いた。

加藤　国内で着々と進んでいて始末が悪い。韓国型のロケットを打ち上げているという感じです。

室谷　そんな国だからアメリカは軍事機密を教えない。

加藤　でもアメリカは韓国を自由主義陣営だと思っているでしょう。トランプ大統領は洗礼を浴びたけど。

室谷　文在寅の父親は北から逃げてきたから、文在寅は反共主義者だなんて、バカなことをアメリカの新聞は書いている。

加藤　李明博もいずれ逮捕される可能性がある。韓国の検察は李明博政権で起きた軍部隊による世論工作事件に関与したとして、当時の国防相で前国家安全保障室長の金寛鎮《キム・グァンジン》容疑者を、軍刑法違反（政治への関与）などの疑いで逮捕しました。その後、釈放されましたが、当時の李政権への支持率を上げ、左派系野党の評価を落とす世論工作をするよう、対北朝鮮サイバー戦を担当していた軍のサイバー司令部に指示した疑いです。

室谷　でも、李明博の場合は時効が利くかもしれません。ほとんど5年で時効になるから。だから来年（18年）2月まで引っ張れば、時効になるのではないかという気もするのですが、いろんな手があるからわかりませんね。なにしろ文在寅政権ですから。遡及立法もある国ですからね。

加藤　李明博大統領の仕事であった四大河川整備事業の疑惑。つまり、いろんな不具合や不正が出てきていますが、あれも時効になりますか。

室谷　そう思いますよ。李明博で言えばむしろ海外資源開発のほうが問題だろう。

加藤　「韓国の公企業、海外資源開発に３８８億ドル投入し、回収は１４２億ドル」とハンギョレは書いています。

室谷　李明博は金の面で悪いことばかりしていますからね。大統領になる前に３００億ウォンほどを「社会に献納」したのですが、その３００億はどうやってつくったのか分からないわけです。

左翼のヒトラー政権だとアメリカは知らない

加藤　李明博に司直の手が向かっていることと、朴槿恵を魔女狩りのようにして追い落としたことは、親日派を清算するというドクトリンから始まっていることです。李明博は日本で生まれて、日本に魂を譲り渡したという論法です。一方、朴槿恵は父親の朴正煕が親日派と見られている。

李明博はそういう批判があるため、竹島に違法上陸したのです。それを払拭しようとした。李明博の竹島上陸と、朴槿恵が最初から反日全開だったのは同じことです。

文在寅の親日派清算というのは、つまりは朴正煕的なるものを壊滅させて、叩き出すということでしょう。逆にいうと、彼が批判したいものには全部、親日派のレッテルを貼って、排除するということです。韓国では今、そうして物事が進んでいます。

室谷 国内を左翼だけにしたい。保守派壊滅作戦。

加藤 文在寅政権では、保守イコール親日派ですからね。敵として一番わかりやすいのが親日。例えば中国やロシアみたいに「奴は反革命だ」という分かりやすいスローガンは韓国にはないわけです。「反革命」と同じようなスローガンが「親日」です。置き換えてみると、よくわかります。

室谷 そのうち、「ロウソク革命の精神」が、韓国の改正憲法の前文に載るでしょう。

加藤 載るかもしれない。すでに憲法の前文を書き換えるぐらいは簡単な状態になっていますからね。いま韓国の憲法前文にあるのは「三・一運動」（日本からの朝鮮独立運動）、それから1960年の「四・一九」（李承晩大統領が下野したデモ）で、次は2016年末からの「ロウソク革命の精神」。従北精神です。

室谷 北朝鮮に中国、そして韓国が周囲にあるのですから、日本はあらゆる意味で防衛能力を高めるしかありません。その一環として情報省をつくるべきだと思います。

加藤 そうですね。軍事力ももちろんそうですが、戦略眼を磨くということが大事だと思います。世界的視野で敵を減らして、味方を増やす戦略。

いま19世紀の終わりごろの状況に、極東がどんどん近づいてきていて、日本は朝鮮半島の争いごとに巻き込まれかねない。そんな無益なことはもう二度と繰り返してはいけないと思います。19世紀に朝鮮半島に手を突っ込んでも、何の得もなかったわけですからね。

室谷　文在寅政権など「赤い韓国」とは非韓三原則でいいと思います。

助けない、教えない、かかわらない、だったか。

加藤　かかわりたくないけれども、アメリカからも「韓国をなんとかしてくれ」となるでしょう。アメリカも今回はあの国を肌で感じることになるのではと思いますけれども。

室谷　でも、「左翼のヒトラー政権」だということは、まだ分かってないようだ。日本が教えなければいけない。

あとがき

北朝鮮が核・ミサイル開発を猛烈な勢いで進めている。２０１７（平成29）年11月29日未明に発射した「火星15」は米ニューヨーク、ワシントンを射程に収める大陸間弾道弾（ＩＣＢＭ）だと推定され、６回の実験を経た「核」も弾頭化は時間の問題だろう。こうなると米国は恐らく黙ってはいない。この「あとがき」を書いている17年12月４日時点で、軍事的混乱には至っていないが、朝鮮半島は一触即発である。

そんな状況の中で、なぜいま「韓国リスク」なのか。本書を手に取っていただければ、そのタイトルを付けた意味は氷解すると思う。

韓国リスクとは、端的に言えば厄介な隣人を持つ日本の宿命である。対談では韓国の異質な価値観に起因する諸々の問題——それは、日本に厄災を来す——を語り尽くしたつもりだ。

北朝鮮有事が現実となれば在韓邦人、拉致被害者の生命に危険が及ぶだろうし、半島からは北からも南からも大量の避難民が押し寄せる可能性がある。そのとき、韓国政府はぶれることなく日米との協力態勢を維持し、犠牲の極小化に当たれるのか。韓国リスクを北朝鮮問題と切り離して語ることは無意味でむしろ危険である、というのがいまの思いでもある。

元時事通信ソウル特派員、室谷克実さんは『悪韓論』や『呆韓論』、『崩韓論』などの著者として知られる。現地メディアに基づき、ありのままの韓国を伝えるという手法を定着させ、著作は出せばベストセラーとなる。

室谷さんの著作が支持されてきたのは「韓国とは何か」を知りたい読者に実相をかみ砕いて伝えることで、絶えず疑問に答え続けてきたからだろう。

一方私は産経新聞ソウル支局長だった2014年8月、朴槿恵大統領（当時）が旅客船沈没事故の当日にどこで何をしていたのか分からない「空白の7時間」問題をめぐり、国会やメディアで追及され、あらぬ噂まで流れているという〝政治・社会現象〟をコラムに書いてソウル中央地検から、情報通信網法における名誉毀損罪で起訴された。

約500日にわたる闘争の末、無罪が確定したのだが、法廷で明らかになったのはそもそも犯罪と呼べるような行為がなかったというお粗末な事実だった。しかもそれは判決公判から11カ月も前に、告発者への証人尋問で分かっていたことだった。

公判では裁判長や検察官から「被告人（加藤）は、日本の嫌韓感情をあおり立てた」「嫌韓目的で記事を書いた」など、問答無用の批判に晒された。

裁判の結果、韓国は価値観を共有し得ない国であると世界に知れ渡ってしまったが、「ロウソク革命」で朴前大統領を被告人席に追いやった文在寅大統領が政権を握った後も、自国の安全保障よりも日本への対抗心を優先させる韓国の異質な価値観は変わらず健在である。

本書でも言及しているが、実は室谷さんはソウル駐在中、韓国当局から取り調べを受け国外退去処分となったことがある。その意味で本書は韓国にとって好ましからざる人物による〝放談録〟といえるが、内容は韓国にとって厳しいものとなった。

もちろんテーマによっては日本の政治、経済、社会が抱える問題と重なるものもあり、根深く深刻な数々の課題を抱える日本の現実が頭をよぎることもあった。日韓は地理的に近いだけではなく抱えている問題にも近いものがあり、韓国で起きる数々の出来事は単純に対岸の火事と笑ってばかりいられるものでないのも事実だ。

韓国について、欠点を伝えたり論評したりすると日本国内でも「嫌韓を扇動する報道だ」などと批判を浴びせる人がいる。この対談もそうした批判の対象になるかもしれない。ただ、私たちが語ったのはほぼ、韓国国内で報道され、問題点が指摘され、韓国人自身が批判し、嘆いている事柄だという点に留意してもらいたい。

朝鮮半島が朝鮮戦争後、最大の緊張を迎えている現在、日本にとって隣国の現状をありのまま知ることはマイナスではない。北朝鮮問題に起因する韓国リスクは、いまそこにある危機なのである。私たちはそれに備えなければならない。

２０１７年12月初旬　加藤達也

室谷克実（むろたに・かつみ）

評論家。1949（昭和24）年、東京都生まれ。慶應義塾大学法学部を卒業後、時事通信社入社。政治部記者、ソウル特派員、宇都宮支局長、「時事解説」編集長などを歴任。2009年に定年退社し、評論活動に入る。著書に『呆韓論』『ディス・イズ・コリア　韓国船沈没考』（産経新聞出版）、『悪韓論』『日韓がタブーにする半島の歴史』『韓国は裏切る』（新潮新書）、『朝日新聞「戦時社説」を読む』（毎日ワンズ）、『崩韓論』（飛鳥新社）など多数。

加藤達也（かとう・たつや）

元産経新聞ソウル支局長。1966（昭和41）年、東京都生まれ。91年、産経新聞入社。浦和総局、夕刊フジ報道部を経て99年から社会部で警視庁（公安・警備部門）、拉致問題などを担当。2004年、韓国・延世大学校で語学研修。社会部、外信部を経て10年11月からソウル特派員、11年11月、ソウル支局長。14年10月から社会部編集委員。

支局長当時の14年8月、セウォル号事故当日の朴槿恵大統領の「空白の7時間」について産経新聞のインターネットコラムで論評。直後から15年4月まで出国禁止に。

14年10月に「大統領への名誉毀損罪」として韓国で起訴されたが、15年末ソウル中央地裁が「無罪判決」を下した。公権力に不都合な記事を書いた外国人特派員を刑事訴追するという暴挙に出た韓国の実態と裁判の全貌を当事者が明らかにした著書『なぜ私は韓国に勝てたか　朴槿恵政権との500日戦争』（産経新聞出版）は、第25回山本七平賞受賞。

韓国リスク **半島危機に日本を襲う隣の現実**

平成29年12月30日　第1刷発行
平成30年　2月　3日　第4刷発行

著　　者　室谷克実　加藤達也
発 行 者　皆川豪志
発 行 所　株式会社産経新聞出版
〒100-8077 東京都千代田区大手町1-7-2
産経新聞社8階
電話　03-3242-9930　FAX　03-3243-0573
発　　売　日本工業新聞社　電話　03-3243-0571（書籍営業）
印刷・製本　株式会社シナノ

ISBN 978-4-8191-1329-8　C0095